Thomas Bauer

STIL[L]ZEIT

Eine Collage freimaurerischer Gedanken

Thomas Bauer

STIL[L]ZEIT

Eine Collage freimaurerischer Gedanken

Über dieses Buch:

Stil und Stille sind Phänomene, die vom Aussterben bedroht zu scheinen. Unsere leistungsorientierte Gesellschaft ist geprägt durch nahezu
grenzenlose Erreichbarkeit. Für ein harmonisches Miteinander müssen
daher der stilvolle Umgang miteinander und die Lebensräume der
Stille bewusst gelebt werden. Durch Besinnung auf eine humanistische
Lebensweise möchte die Freimaurerei diesem Ziel näher kommen.
Obwohl bereits schon viel über Freimaurerei berichtet wurde, haftet
ihr Immer noch der Hauch von Verschwörung und Geheimbund an.
Der tiefere Sinn der Freimaurerei kann nicht durch Erklärungen verstanden werden. Sie ist ein inneres und geistiges Erlebnis. Deshalb
versucht dieses Buch durch das Vermitteln von Gedanken zu fünf
Themen das innere Wirken der Freimaurerei verständlich zu machen.
So wie sich in einer Collage einzelne Bilder zu einem neuen Bild zu-
sammensetzen, so ergeben diese einzelnen Gedanken ein Bild über
das humanitäre Handeln und die Ziele der Freimaurerei.
Ein Buch, nicht nur für Freimaurer, sondern für alle, die am Wesen
der Freimaurerei interessiert sind, ohne die Erwartung auf spektakulä-
re Enthüllungen – denn das Geheimnis der Freimaurerei liegt nur in
einem selbst.

Ein weiterer, nicht unwesentlicher Aspekt der Freimaurerei, liegt in
ihrem sozialen Engagement. Deshalb hat sich der Autor entschlossen,
den Erlös dieses Buches dem Kinderschutzbund Brühl zu spenden.

Der Autor:
Thomas Bauer wurde 1961 in Köln geboren, studierte dort Versor-
gungstechnik, ist verheiratet und hat zwei Töchter und einen Sohn. Er
lebt in Köln und arbeitet seit 1988 als selbstständiger Ingenieur für
Gebäudetechnik. 2005 wurde er in die Freimaurerloge Matteo Alberti,
Nr. 1020 in Bergisch Gladbach aufgenommen.

Copyright © 2009 Thomas Bauer
Überarbeitete Ausgabe 2010
Kontakt: pb-bauer@netcologne.de
Herstellung und Verlag: Books on Demand GmbH, Norderstedt
ISBN-13: 978-3837086409

Für Julia, Maya und Valentin

INHALT

VORWORT

Wenn Du reist, reise mit Stil", soll Johann Wolfgang von Goethe einmal gesagt haben. Liest man seine Reisebeschreibungen, wie beispielsweise in seinem Buch „Italienische Reise", dann kann er damit nicht unbedingt den Standard der Unterkünfte, der Fortbewegungsmittel oder der Verpflegung gemeint haben. Diese waren meist weniger luxuriös. Stil ist daher keine Frage, ob etwas einen hohen materiellen Wert hat, sondern vielmehr die Art und Weise, wie ich meinen Mitmenschen begegne und mit ihnen umgehe.

Stille ist etwas, was wir immer seltener finden. Grenzenlose Erreichbarkeit und Mobilität lassen Stille zu einer Seltenheit werden. Hat man jedoch einmal bewusst einen Platz der Ruhe aufgesucht, wird man feststellen: es gibt keine absolute Stille. Irgendwo ist immer ein Geräusch: das leise Pfeifen in unseren Ohren, einen Windhauch oder das Rauschen der Wälder. Diese leisen Töne werden durch die Unruhe unseres Alltags übertönt und können erst bei äußerer Stille bewusst wahrgenommen werden. So ist es auch bei unserem Innern. Die leisen Stimmen können wir erst wahrnehmen, wenn wir die Stimmen des Alltags einmal zur Ruhe kommen lassen. Dies geschieht allerdings selten von selbst. Die innere Ruhe müssen wir meist bewusst aufsuchen. Nicht umsonst heißt im Volksmund „in der Ruhe liegt die Kraft".

Als ich im Januar 2005 in die Bensberger Loge Matteo Alberti aufgenommen wurde, wusste ich noch nicht sehr viel über die Freimaurerei. Dennoch verspürte ich in der Gemeinschaft der Brüder eine Kraft der Ruhe, der Gedanken und des inneren Erleben. Der tiefere Sinn der Freimaurerei erschloss sich mir allerdings auch nicht nach meiner Aufnahme. Dies geschah erst durch meine aktive Teilnahme am Logenleben und bis heute ist dieses Erkennen kein abgeschlossener Prozess. Freimaurerei ist ein beständiger innerer Wandel.

Obwohl es konkrete und festgelegte Rituale gibt, liegt das Geheimnis der Freimaurerei im eigenen Erleben. Jedes Mitglied erlebt die Freimaurerei auf seine eigene Weise und dennoch verbindet sie eine weltweit präsente Bruderschaft. Die Freimaurerei verbreitet weder eine heilbringende noch sonst irgendeine dogmatische Lehre. Wer sich mit der Freimaurerei beschäftigt, sich ihr anschließt, verspürt den Wunsch nach der Veredelung des eigenen Ichs.

Bei meiner Suche nach einem Ort männlicher Spiritualität fand ich hier Gespräche unter Männern, die sich durch ihre geistige Tiefe und Ernsthaftigkeit auszeichnen. Die reine Männergesellschaft ist für mich dabei ein wichtiges Kriterium gewesen. In unserer Gesellschaft werden die Söhne immer weniger von männlichen Bezugspersonen auf dem Weg zur Mannwerdung begleitet. Es gibt für sie kaum adäquate männliche Vorbilder für eine emanzipierte Männlichkeit. Die Väter sind durch die moderne Arbeitswelt weitgehend dem Erziehungsprozess entzogen.

Heute müssen Männer nicht mehr tagelang auf Mammutjagd gehen, um für den Erhalt der Sippe zu sorgen. In der

Welt von heute sind Frauen und Männer in der Lage, dieselben Arbeiten zu verrichten. Das Klischee von der Einteilung in rein weibliche oder männliche Arbeiten sollte passé sein. Heute geht vor allem darum, dass auch Männer in der Lage sind, Arbeiten zu verrichten, die bisher nur den Frauen zugeordnet waren und dass sie dies auf ihre eigene, männliche Art ausüben können.

Leider fehlt es den Söhnen oft an entsprechenden Vorbildern, weil die Väter noch nicht ihre Rolle in der Industriegesellschaft gefunden haben. Immer noch zählt die Karriere mehr als ein erfülltes Familienleben. Was fehlt, ist ein Ritual, das den heranwachsenden Jungen zum Mann initiiert. Dies kann und darf nicht der Mutter überlassen werden. Dies ist die originäre Aufgabe des Vaters. Um nicht den Eindruck zu erwecken, es ginge mir nur um die Söhne, möchte ich erwähnen, dass auch für die Töchter der Vater eine wichtige Funktion hat, die er nur erfüllen kann, wenn er präsent ist. Auf dem Weg zur Frau finden die heranwachsenden Mädchen jedoch ihr entsprechendes Vorbild bei ihren Müttern, wodurch die notwendige Initiation erfolgt. Dennoch spielt auch der Vater bei Mädchen, quasi als geschlechtlicher Gegenpol, eine wichtige Rolle.

Auch wenn die klassische Freimaurerei eine rein männliche Domäne ist und bis heute den Frauen in den regulären Logen kein Zugang möglich ist[1+16], ist die Loge kein Ort, der die Emanzipation zwischen Frau und Mann ausschließt. Es findet dort ein Austausch statt, der einen Umgang prägt, bei dem materieller Besitztum, gesellschaftlicher Stand und Stellung uninteressant sind. Bezeichnend sind Respekt und Achtung vor der Person an sich und vor der Meinung des Anderen. Beeindruckend ist der Stil des Umganges im Allgemeinen und bei Diskussionen. Hier zeigt sich eine ausgeprägt höfliche Kultur des Zuhörens und des Ausredenlassens, die im besonderen Maße inspirierend wirkt.

Das Wirken in der Loge ist nicht reiner Selbstzweck. Es dient vor allem als eine Weiterbildung im Umgang mit seinen Mitmenschen innerhalb und außerhalb der Loge, um einem humaneren Miteinander beizutragen. In diesem humanistischen Denken ist kein Platz für Klassendenken. Die Loge kann somit auch für den bereits erwachsenen Mann zu einem Ort männlicher Initiation werden.

Hierzu ist es unumgänglich, dass man sich mit humanistischen Themen intensiv beschäftigt. Diskussionen über religiöse, wirtschaftliche und politische Themen sind in der Loge nicht erwünscht, weil sie meist einer dogmatischen Grundhaltung entspringen und man seine wahren Gefühle hinter diesen Dogmen verstecken kann. Zudem tragen diese Art von Gesprächsthemen nicht zu einer humanistischen Entwicklung bei. Gerade das Anerkennen eines Menschen unabhängig seines Standes, seiner Bildung, seiner Gesinnung oder Neigung, ohne die Verletzung einer ethischen Grundhaltung, ist Voraussetzung und Übung zugleich für ein harmonisches Miteinander innerhalb und – dies ist das eigentliche Ziel – außerhalb der Loge.

Unbestreitbar können auch bei der Behandlung von humanistischen Themen zwischen dem gesprochenen Wort und tatsächlichen Handeln deutliche Unterschiede bestehen. Die Aufnahme in den Bund der Freimaurer reicht dabei noch nicht aus. Nur durch die Konfrontation mit Gleichgesinnten und die Bereitschaft, sein eigenes Handeln zu reflektieren, wird sich über kurz oder lang eine Veränderung einstellen. Wie stark diese Veränderung sein wird, ist jedem je nach Engagement, Neigung und Willen individuell überlassen. Dem Einfluss dieses humanistischen Miteinanders wird man sich allerdings auf Dauer nicht entziehen können, so dass sich ein Wandel quasi von allein vollzieht – sei er auch noch so gering.

Ein Freimaurer ist a priori kein besserer Mensch oder einer, mit der besseren Geisteshaltung, nur weil er Mitglied in einer Loge ist. Er ist jemand, der sich gegenüber seinen Mitmenschen und vor sich selbst dazu verpflichtet fühlt, einen Weg der Selbsterkenntnis zu gehen, im Wissen, bei diesem Vorhaben regelmäßig zu scheitern und zeitlebens nicht aufzugeben.

Die hier verfassten Gedanken entstammen im Wesentlichen aus Lesungen, welche ich für Tempelarbeiten verfasst habe. In der Loge werden sie als „Zeichnung" bezeichnet. Sie sind hier wie in einer Collage zusammengefasst. Hierdurch soll dem nicht eingeweihten Leser, nicht durch Erklärungen, sondern durch ihre Geisteshaltung, ein vielleicht neues Bild zu vermitteln.

Nähere und praktische Informationen zum Thema „Freimaurerei" findet der interessierte Leser im Kapitel „Erläuterungen" am Schluss dieses Buches.

Köln, im März 2010

∞

13

KEINE ZEIT IST BESSER ALS DIE GEGENWART

„Zukunft, das ist die Zeit, in der Du bereust, dass Du das, was Du heute tun könntest, nicht getan hast."

Arthur Lassen

Der Sinn der Freimaurerei ist die Arbeit am eigenen Ich, mit dem Ziel einer sittlichen und humanitären Lebensführung. Um dieses sehr abstrakte Ziel zu erreichen, gibt es eine Vielzahl von Symbolen und Werkzeugen.

Eines der freimaurerischen Werkzeuge ist der 24-zöllige Maßstab. Er dient dazu, um bei der Arbeit an sich selbst und bei der Erfüllung seiner Menschenpflichten, die Zeit sinnvoll einteilen zu können. Diesen Maßstab gilt es vor allem, an den eigenen Handlungen anzulegen. 24-zöllig ist er entsprechend den 24 Stunden des Tages.

Zeit messen wir im Alltag in Jahren, Monaten, Wochen, Tagen, Stunden und Sekunden. Dennoch ist Zeit ein abstrakter Begriff. So gibt es seit Menschengedenken den

Versuch, Zeit sichtbar zu machen. Während sich in der Frühzeit der menschlichen Geschichte das Leben am Lauf der Sonne, des Mondes und anderer Gestirne orientierte, so geben heute Atomuhren[2] den Takt in unserem Leben an. Vom Einhalten dieses Taktes ist nahezu kein Lebensbereich ausgeschlossen. Bahn- und Flugzeugverkehr würden ohne die exakte Einhaltung von Zeitplänen nicht funktionieren. Unser tägliches Leben in der Arbeitswelt, aber auch in unserer Freizeit, ist durch absolute Zeitpläne geregelt.

Die Messinstrumente zur Zeitbestimmung dienen dazu, die Abläufe in uns und in unserer Umwelt zu strukturieren. Diese Zeitabläufe sind allerdings nicht reversibel und zwar so, wie man sie bei thermodynamischen Prozessen des Wärmeflusses, den chemischen Vorgängen der Verbrennung oder den Alterungsprozessen von Lebewesen feststellen kann. Als Vektor dargestellt, ergibt sich nur eine zeitliche Ausrichtung dieser Abläufe. Dies gilt zumindest in unserer Wahrnehmung und in den Grenzen, der uns zur Verfügung stehenden wissenschaftlichen Möglichkeiten. Andere Erkenntnisse ergeben sich aus der Einstein'schen Relativitätstheorie, wonach sich die Zeit relativ zur Bewegung des Betrachters verhält und sich bei Annäherung an die Lichtgeschwindigkeit dehnt (dies ist nur eine von mir im besonderen Maße verkürzte Wiedergabe dieser komplexen Theorie). Da jedoch die Bewegung mit Lichtgeschwindigkeit eher selten auf der Erde vorkommt, ist diese Dehnung der Zeit für unser tägliches Leben nicht von bedeutender Relevanz.

Anders als die wissenschaftliche Betrachtungsweise der Zeit, ist das subjektive Zeitgefühl greifbarer und für unser Empfinden von weitaus größerer Bedeutung. Wer kennt nicht das Gefühl, dass das Vergehen der Zeit fast ausschließlich von den Gefühlen in der jeweiligen Situation abhängt?

Diese physiognomische Zeitwahrnehmung findet man weitgehend bei Kindern und Tieren. Sie haben noch ein ganz unabhängiges subjektives Zeitgefühl. Ihr Handeln richtet sich nicht nach Zeitplänen, sondern nach ihrer Intuition und ihren jeweils momentanen Bedürfnissen. Für sie ist ihr momentaner Zustand unabänderlich und hat absoluten Charakter. Kinder bekommen erst im Laufe ihres Lebens eine Vorstellung von Zeitdistanzen. Tieren hingegen ist jegliche Zeitvorstellung, wie wir sie kennen, verwehrt. Dennoch führen Tiere ein viel zeitstrukturierteres Leben, als wir es tun, da sich beispielsweise ihr Handeln nach dem Lauf der Sonne oder nach den Jahreszeiten richtet

In der Physik und auch in der Philosophie ist die Zeit untrennbar mit dem Raum verbunden bzw. steht immer in einem bestimmten Verhältnis zueinander. Aus der Hirnforschung ergibt sich zudem die Erkenntnis, dass unser Bewusstsein, die Zeit, unsere Gedanken und unsere Wahrnehmung eine Einheit bilden.

Im Sprachgebrauch wird nach vergangener, zukünftiger und gegenwärtiger Zeit unterschieden. Die vergangene Zeit ist die unwiederbringliche, die unabänderliche Zeit. Einmal etwas gesagt, getan, gedacht, bleibt es in unseren Gedanken und unserer Erinnerung. Allerdings sollte man bedenken, dass das menschliche Gehirn Erinnerungen nicht wie ein Computer abspeichert, sondern beim Abrufen immer neu reproduziert werden. Daher sollte man immer bedenken, dass Erinnerungen keine exakten Abbildungen von Geschehnissen sind, sondern durch unser zwischenzeitliches Erleben verändert werden.

Die zukünftige Zeit ist im Gegensatz zu der vergangenen Zeit ungewiss, nicht vorhersagbar und unberechenbar. Wir können versuchen, die Ereignisse in der Zukunft durch ein bestimmtes Verhalten kalkulierbarer zu machen. Es bleibt jedoch immer die Möglichkeit des Unvorhergesehenen.

Die Gegenwart ist die aktive Zeit. Eine Zeit, in der das eigene Handeln die Ereignisse, die sich in der unmittelbar folgenden Vergangenheit manifestieren und gleichzeitig die Zukunft beeinflussen. Außerdem ist die Gegenwart die einzige Zeit für Gefühle, Gedanken und Wahrnehmung. Sie ist der wesentliche Teil eigenen Bewusstseins.

Die Gegenwart ist die Nahtstelle zwischen Vergangenheit und Zukunft. Ein Strich auf dem Zeitvektor, dessen Strichstärke in der mathematischen Limesbetrachtung gegen Null geht. Das bedeutet, dass das Zeitintervall der Gegenwart in der mathematischen Betrachtung im Prinzip nicht existiert. Lässt man diese Annahme in der eigenen Lebensführung zu, wird man den gegenwärtigen Augenblick nicht mehr wahrnehmen können und dafür ein Leben in der Vergangenheit oder in der Zukunft leben. Unsere moderne Arbeitswelt fördert diese Denkweise.

Wenn eine industrialisierte und global vernetzte Gesellschaft funktionieren soll, ist eine bestimmte zeitliche Synchronisation notwendig. Daran gibt es im Prinzip nichts auszusetzen, denn sie hilft, unsere Arbeitswelt effizienter zu nutzen. Unser Leben wird allerdings weit mehr fremdbestimmt und richtet sich nach fest vorgegebenen Zeiten, die von Konzernen, Regierungen oder anderen Kontrollorganen bestimmt werden, als dass wir tatsächlich auf bestimmte Zeitabläufe als Einzelner Einfluss nehmen können. Schon in unserer Kindheit werden wir auf diese Zeit- und Termindiktatur konditioniert. Feste Kindergartenzeiten, die den Eltern ein Höchstmaß an Arbeitsproduktivität ermöglichen. Schulzeiten werden nicht nach den tatsächlichen Lernfähigkeiten unserer Kinder ausgerichtet, sondern im Einklang mit wirtschaftlichen Interessen. Obwohl wissenschaftliche Studien gezeigt haben, dass erst nach 9 Uhr ein effizienteres Lernen möglich ist, wird diese Erkenntnis fast nirgendwo umgesetzt.

Die Tragik beginnt dort, wo man zulässt, dass sich diese Zeitzwänge auf die gesamten Lebensbereiche ausdehnen. Unsere Freizeit wird gerne mit dem Effizienzdenken der Arbeitswelt durchgeplant und mit Programm gefüllt. Wir sind nahezu vollständig durchorganisiert und lassen uns keine Zeit für Müßiggang. In unserer Leistungsgesellschaft, unserer so genannten Zivilisation, gilt jedoch der Müßiggang als unproduktiv und wird oft mit Faulheit und Trägheit gleichgesetzt. Aber genau das Gegenteil ist der Fall. Diese Zeit der produktiven Leere ist oft eine Quelle der Spontanität, in der neue Ideen geboren werden. Sie fördert die Fähigkeit flexiblen Handelns, darf jedoch nicht mit Sprunghaftigkeit verwechselt werden. Indem wir unsere Fähigkeit zum spontanen Handeln fördern, erfahren wir unsere wahren Bedürfnisse. Wir lernen somit Entscheidungen zu treffen, die unseren wahren Bedürfnissen in allen Lebenslagen entsprechen und werden weniger beeinflussbar durch Manipulationen von außen.

Leider definieren wir uns zu sehr über unsere Arbeit. Kennt man nicht die abfälligen Sprüche von Kollegen, wenn man in den Urlaub fährt oder pünktlich seinen Feierabend antritt und nicht mehr im Büro erreichbar ist. Sie sollen ihren Arbeitseifer hervorheben und eine gewisse Wichtigkeit oder Unabkömmlichkeit zum Ausdruck bringen. Genau das Gegenteil ist aber hier der Fall. Durch diese Aussagen zeigt sich eine tiefe Angst, am Ende festzustellen, dass man selbst doch nicht so wichtig ist und jederzeit zu ersetzen – jedenfalls im Arbeitsleben. Und aus dieser reduzierten Sichtweise des Lebens übersieht man die Wichtigkeit und Unersetzlichkeit an anderer Stelle – nämlich in unseren Familien als Ehepartner und Eltern. Durch eine aktive Teilnahme am Familienleben entwickelt sich auch im Berufsleben eine soziale Kompetenz, die sich im Umgang mit Kollegen und Kunden positiv auswirkt.

Um den Augenblick, also die Gegenwart, genießen zu können, bedarf es der ganz wesentlichen Fähigkeit, das Leben in seinem eigenen individuellen Tempo führen zu können. Dieses Tempo werden wir wahrscheinlich als unglaublich langsam empfinden. Dies ist eine Folge unseres sozialen Umfeldes und unserer Gesellschaft, die ein einheitliches Lebenstempo in einheitlichen Rhythmen vorgibt. Eine Langsamkeit, die wahrscheinlich im ersten Augenblick das Gefühl der Untätigkeit gibt. Verharrt man jedoch einige Augenblicke in dieser Langsamkeit wird man feststellen, dass dem keineswegs so ist. Vielmehr stellt man fest, dass es die tatsächlich eigene Geschwindigkeit des Handelns und Wahrnehmens ist.

Wie gelangt man zu dieser Erkenntnis? Eine Möglichkeit stellt die Meditation dar. Im Zustand der Kontemplation, der „vita contemplativa", ergibt sich für unser Bewusstsein ein Zustand ohne äußere Einflüsse und in dem Zeit und Raum keine Rolle spielen. Entscheidend ist jedoch die Rückkehr in die „vita activa", das aktive Leben. Erst wenn die kontemplativ gewonnen Erkenntnisse auch angewendet werden, vollzieht sich ein dauerhafter Wandel in unserer Lebensführung.

Nach diesem Wechsel der beiden Bewusstseinszustände ist auch das freimaurerische Ritual ausgerichtet. Aus dem aktiven Leben findet man sich im Logenhaus zusammen. Mit der Aufforderung des Zeremonienmeisters zur schweigenden Vorbereitung auf die bevorstehende Arbeit[3] erfolgt der Übergang in die Kontemplation.

Nun sind Freimaurer keine Übermenschen. Oft kann man eine störende Umtriebigkeit während dieses Ritualteils feststellen. Es zeigt möglicherweise die innere Unruhe vieler Brüder, vielleicht aber auch das verlorengegangene Bewusstsein für die Bedeutung dieser Vorbereitung auf eine rituelle Arbeit. Je rastloser der Alltag vor der Logenarbeit war, umso schwerer scheinen die Umstellung und die innere Vorbereitung zu sein.

Solche Beispiele kann man auch im alltäglichen Leben finden. Beispielsweise bei einem Besuch in der Oper findet wahrscheinlich eine vergleichbare meditative Kontemplation eher nicht statt. Dennoch ist es ein Ort, dem ein gewisser Mythos anhängt und an dem man aus dem Alltag in eine Welt mit einer ganz anderen sinnlichen Wahrnehmung transzendiert.

Die eine Gruppe bereitet sich schon vor der Ankunft mental auf das bevorstehende musikalische Ereignis vor, indem sie sich über das Stück in einem Opernführer zusätzliche Informationen verschafft hat. Durch ein dem Anlass entsprechend ausgewählte Kleidung erfolgt auch rein äußerlich eine Wandlung aus dem Alltag in die Welt der Kultur. Sie kommen weit vor dem ersten Klingeln an und genießen vielleicht im Foyer die Atmosphäre bei einem Glas Sekt.

Die andere Gruppe erscheint kurz nach dem letzten Klingelzeichen. Damit sie ihre Plätze – natürlich sind es Mittelplätze – einnehmen können, muss eine halbe Reihe noch einmal aufstehen, was zu einer gewissen allgemeinen Unruhe beiträgt.

Hier zeigt sich, wie unterschiedlich Menschen mit Situationen im Alltag umgehen, insbesondere wenn man von einem Lebensbereich, der Alltagswelt beispielsweise in einen künstlerischen Bereich wechselt.

Die Kontemplation sollte bereits weit vor dem eigentlichen Ereignis beginnen, sei es eine Tempelarbeit[4], ein Opernbesuch oder sonst eine persönlich wichtige Veranstaltung. Bereits die Anfahrt, vielleicht sogar schon das Anlegen der Kleidung können Teil des Rituals sein und als Vorbereitung auf eine kontemplative Arbeit dienen.

Dazu ist es notwendig, dass man nicht der Versuchung erlieg, den Tagesablauf mit möglichst vielen Ereignissen zu füllen, sondern seine Wahrnehmung zu vertiefen. Dabei wird sich etwas ganz Entscheidendes einstellen: Der Augenblick der Gegenwärtigkeit verlängert sich. Die gelebte und bewusste Gegenwart, diese Nahtstelle zwischen Vergangenheit und Zukunft, verlängert sich und wird zu einem fühlbaren Zeitintervall. In diesem Zeitintervall können wir uns wie in einem zeitlosen Raum bewegen. Dies ist fühlbare Gegenwart in unserer eigenen Geschwindigkeit. Nur in dieser Zeit können wir die für unser Leben notwendigen Veränderungen herbeiführen – nur in dieser Zeit leben wir.

Das ist mit Weisheit eingeteilte Zeit.

∞

VOM ZWECK DER FREUNDSCHAFT

„Und kein anderes Ziel soll die Freundschaft haben als die Vertiefung des Geistes."

Khalil Gibran

Echte Fründe ston zesamme!"[5] ein Schlager der Höhner über die Freundschaft, der gerne und oft zur so genannten 5. Jahreszeit mitgesungen wird. Besonders in Köln versteht man unter „Freundschaft" oft auch das bekannte kölsche Motto: „Man kennt sich und man hilft sich". Eine eher charmante Beschreibung für den „kölschen Klüngel". Als Freimaurer – also auch als Kölner Freimaurer – soll man sich durch „echte Freundschaft zu seinen Brüdern" auszeichnen. Ist damit so etwas wie „Klüngel" gemeint?

Klüngel in Köln - anderen Orts heißt es Filz, Nepotismus und Vetternwirtschaft. Der Klüngel hat eine besondere Eigenschaft: Er erfolgt keineswegs uneigennützig. Wer diese Art von Hilfe, von Freundschaftsdienst in Anspruch nimmt, unterliegt dem Eigennutz des Helfers. Er verliert damit seine Freiheit des Handelns, weil indirekt die Forderung im Raume steht, zu entsprechender Zeit eine Gegenleistung erbringen zu müssen. Und genau darin liegt der Unterschied zwischen „Klüngel" und „echter Freundschaft".

Die Bedeutung des Wortes „Freund" leitet sich aus dem gotischen Wort „frijon" (lieben) ab. Liebe ist etwas absolut uneigennütziges und entspringt aus freiem Willen. Es ist daher nachvollziehbar, dass dieses Wort ursprünglich von dem germanischen Verb aus der Familie des Adjektivs „frei" abstammt. Aus dieser indogermanischen Wortwurzel heraus haben die Germanen den Begriff „frei" als eine Rechtsordnung entwickelt: Personen, die man liebt und daher schützt, sind die eigenen Sippen- und Stammesgenossen, die „Freunde". Sie allein stehen „frei", das heißt vollberechtigt in der Gemeinschaft, im Gegensatz zu den fremdbürtigen Unfreien. Daraus ergibt sich auch der Gedanke der äußeren politischen, wie der inneren geistigen und seelischen Freiheit. Weitere allgemeine Anwendungen des Adjektivs „frei" findet man auch als „nicht gebunden", „unbelastet", „unabhängig", „nicht beengt" oder „nicht bedeckt". Diese Form der Freiheit – eine Freiheit des Geistes und des eigenen Handelns – ist demnach eine Grundvoraussetzung für die Fähigkeit, Freundschaften eingehen zu können.

In der Bibel bekommt Freundschaft eine besondere Auszeichnung, wenn gesagt wird, dass Gott mit Mose redete „wie ein Freund mit seinem Freund" (2.Mose 33,11). Und in Sprüche 18,24 heißt es: „Ein Freund liebt mehr als ein Bruder!"

Hier findet sich bereits ein Hinweis darauf, dass Freundschaften, im Gegensatz zur Verwandtschaft, freiwillig eingegangen werden und deshalb eine besondere Form der Zuneigung besteht.

Aus diesen Bibelzitaten ist auch erkennbar, dass die Freundschaft und die Liebe in einer sehr engen Beziehung stehen. Bei dieser gemeinsamen Wortwurzel muss man sich fragen, welche Unterschiede bestehen zwischen diesen beiden Begriffen. Wo hört Freundschaft auf und wo fängt Liebe an. Es sei daher ein kurzer Exkurs zum Begriff der Liebe gestattet.

Ethisch kann man grundsätzlich zwischen dem Gefühl der Liebe und einer Geisteshaltung der Liebe unterscheiden. Letztere geht über den Begriff der geistigen Liebe, also der sogenannten „platonischen Liebe" hinaus, der zunächst nur die Abwesenheit körperlicher Nähe betont. Genauer kann man trennen zwischen:

- Liebesempfindungen, also primäre Liebesgefühle, insbesondere sexuelle Empfindungen und das „Verliebt sein".

- Allgemeine Gefühle der Liebe (als Überbegriff von Empfindungen), deren Objekt weiter gefasst werden kann. Hier sind insbesondere Gefühle der Zuneigung wie Sorge, Freundschaft, Sympathie, aber auch aktive Liebe, also Handlungen der Hilfe oder Pflege einzuordnen. Auch die Liebe zur Natur oder zu Gegenständen ist hier gemeint. Diese allgemeine Interpretation versteht unter Liebe den Ausdruck tiefer Wertschätzung des geliebten Objektes.

- Liebe als ethische Grundhaltung, als Tugend. Im Christentum beispielsweise, ist die Liebe der zentrale Begriff, das wichtigste Gebot lautet „Liebe deinen Nächsten wie dich selbst" (Markus 12,31; Matthäus 22,39; Römerbrief 13,8-10). Die Erlösung ist demnach nur durch Liebe möglich. Eigenliebe und Nächstenliebe stehen in engem Verhältnis zueinander und sind eine Bedingung sine qua non.

Diese Aufteilung fußt auf einer bereits von Platon angelegten Dreiteilung, die in der antiken Philosophie später ausgebaut wurde und sich in folgenden griechischen Begriffen niederschlägt:

- eros – die sinnliche Liebe

- philia – die Freundesliebe, Liebe auf Gegenseitigkeit

- stoika – der Interessenliebe

- agape – die selbstlose Liebe als eine sehr hohe Form, nämlich die selbstlose Liebe als „Feindesliebe" oder als christliche Nächstenliebe

Im Allgemeinen halten wir Liebe für etwas, das keine weiteren Differenzierungen zulässt (entweder man liebt oder man tut es nicht). Wir betrachten es als das höchste Gefühl, das wir einem Menschen entgegenbringen können. Bei Freundschaft sind Abstufungen möglich (entfernter Bekannter, guter Bekannter, guter Freund, bester Freund). Herausragend ist dabei der Freund fürs Leben, eine Formulierung, die eine sehr intensive und bedingungslose Bindung andeutet.

Eine Freundschaft ist sehr individuell und steht in einem kulturellen Kontext. Aus verschiedenen sozialen Erhebungen hat sich ergeben, dass beispielsweise ein Deutscher in der Regel nur wenige seiner Mitmenschen als Freunde definiert, meist höchstens einen oder zwei. Ein Nordamerikaner dagegen gewinnt im Laufe seines Lebens immer mehr Freunde. Hier wird eine gute Bekanntschaft meist schon als Freundschaft bezeichnet. Im Gegensatz dazu steht Freundschaft in Deutschland eher für eine tiefgehende und langfristige Beziehung.

Oft kann man die Erfahrung machen, dass eher die Liebe zu einem Lebenspartner in die Brüche geht, als Freundschaften. Wenn Liebe wirklich das höchste Gefühl für einen anderen Menschen ist, was mag dann der Grund für diese Unbeständigkeit sein? Stellt Liebe ein fragileres Gebilde als Freundschaft dar?

Bei einer Freundschaft stehen fast ausschließlich die Werte des alltäglichen Umgangs im Vordergrund und sind oft der eigentliche Grund für das Entstehen und im Folgenden für den Bestand der Freundschaft. Mit dem Freund wird behutsamer umgegangen als mit dem Ehe- oder Lebenspartner. Vielleicht decken Alltag und eine zu intensive physische Nähe die Gefühle allmählich zu und nehmen der Liebe die Luft zum Atmen. Harmonie benötigt möglicherweise ein Gleichgewicht zwischen Nähe und Distanz!

Eine Freundschaft gehen wir freiwillig und ohne vorher festgelegte Dauer ein. Eine Ehe gehen wir zwar auch in der Regel freiwillig ein, nur legen wir vorher die Dauer fest, nämlich mit dem festen Anspruch auf eine „lebenslange" Bindung. Es muss sich wohl daraus ein Art Anspruchsdenken ableiten, bei der wir uns der Liebe und dem Vertrauen des Partners vielleicht zu sicher sind und vergessen dabei, dass diese Werte täglich neu belebt werden müssen. Dass der Trauschein eben keine Garantie für eine lebenslange Liebe darstellt, ist wohl mehr als oft, schmerzliche Realität.

Eine wissenschaftlich korrekte Erklärung im Sinne einer wiederholbaren Messung der Stärke einer Freundschaft ist nicht möglich. Allerdings gibt es einige wissenschaftliche Untersuchungen zum Verhalten innerhalb einer Freundschaft. So streiten enge Freunde wesentlich mehr als lediglich miteinander bekannte Personen. Der Grund dafür wird von Psychologen darin gesehen, dass sich enge Freunde einander sicher sind und daher nicht übervorsichtig agieren müssen.

Liebe muss intensiver gepflegt und täglich neu gegeben werden. Sie ist nicht etwas, was man festhalten kann. Liebe muss aktiv gelebt werden. Reife Liebe zeichnet sich durch Verlässlichkeit aus. Es bedarf nicht der Manifestierung, um sie zu beanspruchen. Anspruchsdenken und die Erwartungshaltung an den Partner sind die ersten Schritte, Liebe zu ersticken. Unser Antrieb muss daher Anspruch und Erwartung an uns selbst sein – eben das Behauen am rauen Stein, aber eben an unserem eigenen[6].

Verbindet man den Begriff Liebe zu sehr mit Erwartungen an das Liebesgefühl und mit der Romantik der Verliebtheit, verliert man das Gefühl dafür, was die alltäglichen emotionalen Zuwendungen, wie beispielsweise Verlässlichkeit, Vertrauen und Loyalität für eine dauerhafte Beziehung bedeuten. Diese Form der Liebe steht dann auf einem sehr fragilen Fundament. Oft neigt man dazu, unseren Lebens- oder Liebespartner für unsere eigenen Fehler und für unsere Bedürftigkeit verantwortlich zu machen, ja sogar für unsere eigene Befindlichkeit. All unsere Wünsche und Erwartungen konzentrieren und projektieren wir auf einen einzigen Menschen. Der kann am Ende gar nicht anders, als uns enttäuschen – zu groß sind dann die Erwartungen für einen einzelnen Menschen. Liebe mit den Idealen der Freundschaft erhält daher ein stabiles Fundament. Versteht man es dann noch, den Zauber der Romantik zu bewahren, hat man den Schlüssel für eine dauerhafte Partnerschaft gefunden. Hier wird oft die Bedeutung von Freundschaft in Partnerschaft unterschätzt. Denn durch intensive und echte Freundschaft weicht der Druck auf den Partner, alle Bedürfnisse des Anderen stillen zu müssen.

Der grundlegende Unterschied zwischen Liebe und Freundschaft scheint somit darin zu bestehen, dass Liebe eher aus einer emotionalen Stimmung entspringt. Hingegen steht bei einer Freundschaft eher eine gemeinsame ethische Gesinnung im Vordergrund. Dennoch schließen sich Freundschaft und Liebe nicht gegenseitig aus. Allerdings entwickelt sich weitaus häufiger aus einer Freundschaft eine Liebesbeziehung als umgekehrt.

Eine Erklärung hierfür besteht möglicherweise darin, dass die ethischen Wertvorstellungen wie Verlässlichkeit und Vertrauen der Freundschaft beim Übergang in eine Liebesbeziehung durch das Gefühl der Liebe ergänzt werden. Andersherum gehen beim Verlust des Liebesgefühls genau diese Wertvorstellungen mit verloren, so dass das Fundament der Freundschaft nicht mehr vorhanden ist. Zum Fundament der Freundschaft wird im Folgenden noch eingegangen.

Wenn vom Begriff der Freundschaft die Rede ist, denken wir im Allgemeinen an eine gleichgeschlechtliche Freundschaft. Die Vorstellung einer Möglichkeit, dass Männer und Frauen eine nicht-sexuelle Beziehung führen könnten, ist in der sozialen Realität noch gar nicht so lange vorhanden.

Bis zum Beginn des 20. Jahrhunderts besagten die sozialen Normen von Freundschaft, dass die Heirat alle freundschaftlichen Beziehungen zum anderen Geschlecht ausschließt. Wenn beispielsweise eine verheiratete Frau einen männlichen Freund hat, sei das ein deutlicher Hinweis darauf, dass sie in ihrer Beziehung zu ihrem Ehemann nicht alles bekommt, was sie braucht. Bei einer Freundin ist das nicht der Fall, denn da hat die potenzielle Sexualität keine Relevanz. Erst seit dem 20. Jahrhundert ist die gegengeschlechtliche Freundschaft mehr oder weniger akzeptiert, aber eher bei jungen, unverheirateten Menschen. Bei verheirateten Beziehungen besteht jedoch für viele noch heute ein Tabu zur Freundschaft zum anderen Geschlecht. Die sexuelle Anziehungskraft spielt demnach eine nicht unwichtige Rolle. Immerhin sind bei dieser Art der Freundschaft männliche und weibliche Wesen involviert, bei denen das nicht vorhanden sein von sexueller Anziehungskraft nie ganz auszuschließen ist.

Es besteht die geläufige Meinung – meiner Meinung nach handelt es sich dabei um ein klares Vorurteil –, dass Männer und Frauen zwar Liebhaber sein können, aber keine Freunde. Männer würden immer versuchen, die Freundschaft für sexuelle Zwecke auszunutzen. Die Wahrscheinlichkeit von Freundschaft zum anderen Geschlecht ohne sexuelle Involvierung ist umstritten. Sexuelle Anziehungskraft sei immer vorhanden. Die Sexualität wird als unkontrollierbar dargestellt und würde, früher oder später, immer vor dem Problem der sexuellen Anziehungskraft stehen.

Bei dieser Art von Freundschaft bedarf es der Fähigkeit, diese von einer sexuellen Beziehung zu trennen. Es haben sich Tabus gegenüber gemischt geschlechtlichen Freundschaften verbreitet, so dass die Chancen für dieselbe eingeschränkt wurden. Die Freundschaft zum anderen Geschlecht wurde in der Gesellschaft bis etwa zum Ende des 19. Jahrhunderts sogar als sozial und persönlich erniedrigend angesehen. Wegen ihres traditionellen Glaubens über Frauen war diese Einstellung allerdings fast ausschließlich bei Männern vorhanden. Die traditionelle Einstellung der Männer gegenüber Frauen ließ (bei Männern) schon die Vorstellung nicht zu, mit Frauen einen persönlichen Diskurs zu führen.

Mit dem Wandel der Geschlechterrollen hat sich das Potenzial für gegengeschlechtliche Freundschaft sehr vergrößert. Das liegt u. a. an der zunehmend ähnlicheren Lebensgestaltung von Frauen und Männern sowie an den veränderten traditionellen Vorstellungen von Männern über Frauen.

Wir erleben im Laufe unseres Lebens eine Reihe von Freundschaften. Einige Freunde begleiten uns nur eine bestimmte Wegstrecke – so wie der Schulfreund – andere halten länger, nur wenige ein Leben lang. Was aber sind unsere Motive für eine Freundschaft?

Aristoteles betonte in seiner „Nikomachischen Ethik" drei Motive, Freundschaften einzugehen (lt. Literatur die bedeutendste der drei ethischen Schriften Aristoteles, neben der „Eudemischen Ethik" und der „Großen Ethik"):

- Freundschaft um des Wesens Willen – im Sinne von sozialen Rückhalts, welche den schlichten Erfahrungsaustausch auf einer alltäglichen Ebene beinhaltet, um eine gemeinsame geistige Welt aufzubauen, Erlebnisse in Worte zu fassen und mit denen anderer zu vergleichen,

- Freundschaft um des Nutzens Willen – Hilfe im Sinne der materiellen Hilfe oder Unterstützung bei Alltagsproblemen bedeutet.

- Freundschaft um der Lust Willen – das Teilen gemeinsamer Interessen für gemeinsame Unternehmungen in der Freizeit und daraus im Weiteren das Erleben von Vergnügen, Ausgelassenheit und Heiterkeit

Sind die Gründe für das Eingehen einer Freundschaft verschieden, eines haben diese Motive gemeinsam: Freundschaften schützten vor Einsamkeit und sozialer Isolation.

Um eine wahre Freundschaft erleben zu können, bedarf es einer wesentlichen Kraft: dem Vertrauen. „So ist das Vertrauen der Ausdruck einer wirklichen Kraft der Seele. Große und im Gefühl ihrer Fülle lebende Seelen können sich ausgeben im Vertrauen, während Misstrauen immer das Zeichen eines kleinen Geistes ist."[7]

Wann immer wir eine Freundschaft eingehen, ist Vertrauen die Basis. Es ist eine voraussetzende Bedingung, dass wir bereit sind, das Risiko der Verletzung und Enttäuschung einzugehen. Es stellt somit eine Art Vorleistung dar, mit der wir dem Partner unsere Bereitschaft zur Freundschaft dokumentieren. Nur wenn diese Vorleistung honoriert wird, wenn also die Gelegenheit zum Vertrauensbruch nicht genutzt wird, dann ist gegenseitige Vertrauensbildung möglich. Da dieses Gefühl des Vertrauens mehr als nur ein kurzzeitiges Empfinden ist, hinterlassen Freundschaften Spuren.

Wir müssen daher mit unseren Empfindungen und Gefühlen sehr sorgsam umgehen. Dazu gehört im Besonderen, dass wir mit den Gefühlen anderer Menschen vorsichtig umgehen. Ebenso wie das Vertrauen, lassen sich auch Freundschaften nicht einfordern oder herbei diskutieren. Und in jede Freundschaft nehmen wir unsere erwachsenen Anteile, aber auch die unreifen Anteile unserer Persönlichkeit mit. Zu letzteren gehören Verletzungen aus der Vergangenheit, Enttäuschungen, Ängste, Sehnsüchte und stille Erwartungen. Diese Verletzungen entbinden uns jedoch nicht von der Aufgabe, Vertrauen stets neu zu wagen und den Geist des Misstrauens zu bekämpfen.

Vertrauen kann nicht eingefordert oder befohlen werden. Vertrauen ist ein Geschenk. Die Fähigkeit des Vertrauens findet seinen Ursprung in der Kindheit, dem Urvertrauen, das dann im späteren Leben, trotz aller äußeren Unsicherheiten, eine Quelle innerer Sicherheit bleibt. Um vertrauenswürdig zu sein, ist es erforderlich, dass man so handelt, wie man sich selbst darstellt. Profan ausgedrückt, dass man tut, was man sagt. Vertrauenswürdigkeit ist zugleich Selbstdarstellung, die verpflichtet.

Der Umschlag von Vertrauen in Misstrauen hat Schwellencharakter. Schlagartig verändert sich im persönlichen Umgang das Lebensgefühl.

Freundschaft bedeutet Verantwortung. Verantwortung im Umgang mit dem Vertrauen, das mir entgegen gebracht wird. Allerdings hat das Wort „Verantwortung" in der deutschen Sprache eher den Charakter einer schweren moralischen Last. Es deutet vom Wortstamm her auf eine Verpflichtung hin zu einer Aufgabe und zur Rechenschaft. Das klingt nach etwas, das von außen bestimmt wird. Mir persönlich gefällt daher die englische Bedeutung responsibility sprachlich wesentlich besser. Die Worte response = antworten oder erwidern und ability = Fähigkeit – die Fähigkeit, (angemessen) zu antworten – deutet auf etwas hin, dass von Innen, aus mir selbst heraus kommt, nämlich die Fähigkeit Vertrauen, Gefühle, Freundschaft zu erwidern.

Die Freundschaft hat auch in der Freimaurerei eine wesentliche Bedeutung. Hierzu heißt es in dem freimaurerischen Ritual, dass der Freimaurer sich im Leben vor anderen Menschen durch winkelrechte Lebensführung, von der Sklaverei der Vorurteile befreiter Gedanken und echter Freundschaft zu seinen Brüdern auszeichnen soll.

Führt man sich diesen Leitgedanken der Freimaurerei vor Augen, so kommt man zu dem Schluss, dass die Gemeinschaft nur durch eine tiefe und ehrliche Freundschaft innerhalb der Bruderschaft bestehen kann.

Dieses Erleben echter Freundschaft ist möglich, weil es sich bei der Freimaurerei um eine rein ideelle Arbeit handelt. Sie ergibt sich nicht durch das Teilen spezifischer Interessen, Hobbys oder Neigungen. Durch diese Vereinbarung werden ideologische Auseinandersetzungen ausgeschlossen und im Gegenzug geistige Heimat und persönliche Orientierung geboten.

Die grundlegende Voraussetzung für das Erfahren echter Freundschaft ist das Vertrauen. Wie kommt es dann dazu, dass sich vollkommen fremde Menschen urplötzlich dadurch auszeichnen, dass sie sich gegenseitig Vertrauen entgegenbringen und sich dadurch bei dem einzelnen tatsächlich das Erleben echter Freundschaft einstellt?

Jeder Suchende erfährt bei seiner Aufnahme, dass die Verschwiegenheit als Tugend gilt und Voraussetzung für die Freundschaft in der Bruderschaft ist. Verschwiegenheit steht für die Sorge um die Sicherheit der Loge und das Einstehen dafür, dass kein Bruder, weder von außen, noch aus der Loge selbst, schutzlos Gerüchten und Anfeindungen ausgesetzt sein darf. Sie ist aber auch Grundvoraussetzung, um Vertrauen bilden zu können. Verschwiegenheit ist also das Fundament für ein Vertrauen, das gelebte, ehrliche und tiefe Freundschaft ermöglicht.

Die Aufnahme in diesen Bund kann als eine Form der Initiation angesehen werden. Die dabei gelebten Rituale dienen als ein Zeichen für die geistige Bereitschaft zur Selbstfindung. Das Erleben in dieser Umgebung erlaubt das Erleben einer eigenen männlichen Spiritualität. Die Loge dient dabei als Ort der stetigen Entwicklung von Geist und Seele. Der gemeinsame Wunsch nach einer geistigen Entfaltung und die Entwicklung einer sittlichen Lebensführung, unabhängig der persönlichen ideologischen Überzeugung und unter dem Gebot der Verschwiegenheit schafft Vertrauen. Dies ist der Nährboden für wahre Freundschaft zu seinen Brüdern.

Als Mitglieder eines ethischen Bundes treten die Freimaurer für Menschlichkeit, Brüderlichkeit, Toleranz, Friedensliebe und soziale Gerechtigkeit ein. Doch warum stellt sich dieser Bund als eine rein gleichgeschlechtliche Zusammenkunft dar. Hat der Freimaurer Angst vor dem „anderen" Geschlecht? Diese Frage kann wohl mit einem hinreichenden „nein" beantworten. Die ursprünglichen Gründe hierfür sind sicherlich historisch bedingt. Mittlerweile gibt es heute neben den rein männlich ausgerichteten Logen weibliche Gegenstücke und auch gemischte Logen sind immer häufiger anzutreffen (siehe zu diesem Thema auch im Kapitel „Erläuterungen).

Man könnte meinen, in einer Zeit, in der unsere ganze Gesellschaft in allen Lebensbereichen den Ruf nach Gleichberechtigung verlauten lässt, könne sich auch die Freimaurerei vor dieser Frage nicht verschließen. Die Gleichberechtigung der Frau hat sicherlich erst seit Beginn des 20. Jahrhundert wesentliche und auch unbedingt erforderliche Erfolge erzielt. Die Frau hat besonders in der zweiten Hälfte des letzten Jahrhunderts eine deutliche Entwicklung in ihrer Selbstfindung und Selbstdarstellung durchgemacht. Der Mann hat dabei eher tatenlos zugesehen. Anstatt sich selbst neu zu definieren, sich auch zu emanzipieren, haben Männer bisher meist die Tendenz gezeigt, sich den neuen Gegebenheiten, die durch die weibliche Emanzipation entstanden sind, nur anzupassen.

Die Welt der Männer spaltet sich dabei in zwei Lager: das eine sind die ewig Gestrigen und Konservativen und das andere sind die modernen Männer, die sich allerdings durch das definieren, was „frau" von ihnen erwartet. So war es in den 1970er Jahren der Softie und einige Zeit später wieder der Macho. Während die Frau gelernt hat, genau zu definieren, was sie will, erlebt man bei Männern nur die Position zu definieren, was sie nicht wollen. Die Frau als „multitasking"-fähiges Allroundtalent in Personalunion Mutter, Geldverdienerin, Geliebte und Hausfrau erlebt den Mann als unselbständig und schwach. Das Festhalten am traditionellen Rollenverhalten der Männer bestätigt nur seine Angst vor dem Verlust an Macht und Einfluss.

Männer müssen lernen, dass die Zeiten der Jäger und Sammler vorbei sind und sie sich nicht mehr allabendlich nach der „Jagd" stumm um das moderne Lagerfeuer, den

Fernseher, versammeln können. Männer müssen anfangen zu kommunizieren und vor allem eine umfassende Verantwortung für ihr direktes Umfeld, aber auch besonders für sich selbst zu übernehmen. Die üblichen Vereinigungen, in denen Männer sich ergehen, sind meist durch das Teilen gemeinsamer körperlicher Aktivitäten geprägt. Leider spielen dabei viel zu oft die Leistungsprinzipien aus dem Arbeitsleben eine zu wesentliche Rolle und dienen vornehmlich der Erhaltung und Verbesserung der körperlichen Leistungsfähigkeit. Geht es jedoch darum, den Geist weiter zu entwickeln und das eigene Seelenheil aktiv zu bessern, neigen Männer eher zu Zurückhaltung, reagieren mitunter sogar mit Ablehnung und erkennen dabei nicht, dass sie eine Chance für ein erfülltes Leben verpassen.

Genau darin sehe ich einen Grund für eine Bruderschaft der Männer. Er dient als Ort der stetigen Entwicklung von Geist und Seele. In früherer Zeit wurden die Jungen bei ihrer Entwicklung zum Mann von ihren Vätern initiiert. Dabei gab es bestimmte und wiederkehrende Rituale, die bei jeder heranwachsenden Generation vollzogen wurden. Selbst heute geschieht dies noch bei einigen Naturvölkern, indem der Heranwachsende von den Männern des Stammes aus der Obhut der Mütter in die Welt der Männer, beispielsweise in die Rituale der Jagd eingeführt wird. Sie dienen zur Erhaltung der Sippe. Die vollzogenen Rituale dienen aber auch dazu, dem Initiierten ein Gefühl der Beständigkeit und der Sicherheit zu vermitteln. Diese Initiation geschieht gänzlich ohne den Einfluss von Frauen um für sich selbst einen Weg zum Mann zu finden, der das Entwickeln männliche Werte ermöglicht. Durch diese Entwicklung erfahren weibliche Werte nicht nur Akzeptanz, sondern eine besondere Wertschätzung.

In unserer heutigen Industriegesellschaft gibt es keine Initiationsrituale mehr. Die Flucht vieler Väter in die Arbeit lässt den heranwachsenden Sohn meist ausschließlich oder wesentlich unter der Obhut der Mutter aufwachsen und er erlebt das „Mann-sein" nur als Form von väterlicher Abwesenheit.

Die Aufnahme in diesen Bund habe ich wie eine solche Initiation erlebt. Das wiederkehrende Ritual steht als Symbol für eine Initiation und als Zeichen für die geistige Bereitschaft zur Selbstfindung. Für die innere Entwicklung zum Mann-sein bedarf es einer Umgebung, die es erlaubt, sich auch ohne weibliche Einflüsse entwickeln zu können. Damit möchte ich nicht zum Ausdruck bringen, dass ich weibliche Einflüsse als schädlich empfinde. Nur gibt es heute ein Zuviel von weiblichen und ein Zuwenig von männlichen Einflüssen auf dem Weg zur Mannwerdung. In den Logen wird die Entwicklung zu einer eigenen männlichen Spiritualität gefördert. Sie trägt zu einem Bewusstsein bei, das im Zusammenleben beider Geschlechter das Erleben von Männlichkeit als eine Bereicherung empfinden lässt. Damit lehne ich nicht die Gleichberechtigung ab, sondern die Gleichmacherei von Mann und Frau.

Der reine Männerbund steht für mich nicht im Widerspruch, er ist für mich eine Notwendigkeit für die gelebte Gleichberechtigung von Frau und Mann.

∞

WOZU BRAUCHEN WIR WERTE

„Es gab nur eine Weisheit, nur einen Glauben, nur ein Den-
ken; das Wissen von Gott in uns. Wie wurde das in Schulen,
Kirchen, Büchern und Wissenschaften verdreht und falsch
gelehrt." [8]

Hermann Hesse

Immer häufiger kann man bemerken, dass in der Politik und den Medien der Begriff „Werte" genannt wird. Politiker aller Couleur reden vom „Werte-Test" für Einwanderer, dem „Fehlen der Werte" in unserer Gesellschaft und der daraus resultierenden Notwendigkeit einer „Werte-Erziehung". Allerdings fehlt es oft an konkreten Hinweisen, was man unter Werten versteht, welche Werte gemeint sind, wozu sie dienen, wie man Werte leben kann und wie sie erhalten werden.

Im Brockhaus nachgeschlagen findet man unter dem Stichwort „Werte": „grundlegender ethischer Orientierungsmaßstab menschlichen Urteilens und Handelns."

Aus einschlägigen Werken der Philosophie erfährt man, dass der „Wert" die hergestellte Beziehung zwischen einem Gegenstand und einem Maßstab durch den wertenden Menschen darstellt. Es handelt sich somit um eine subjektive Wahrnehmung eines jeden Individuums.

Werte sind Maßstäbe, die unser Denken und damit unser Handeln leiten sollen und sind kein absolutes Gesetz. Wenn aber Werte der „Be-Wertungsmaßstab" eines jeden einzelnen von uns sind, warum werden Wertvorstellungen dann in der Öffentlichkeit so heftig diskutiert, als ob es scheinbar einen objektiven Maßstab gäbe? Wesentliche Ansätze zur Beantwortung dieser Fragen kann man bei Aussagen von Aristoteles und Kant finden.

Betrachten wir zunächst die Herkunft des Begriffs „Wert". Dieser stammt ursprünglich aus der Ökonomie, die sich mit allem beschäftigt, das einen Preis hat, also für Werte im materiellen Sinne. Erst Immanuel Kant hat den Werte-Begriff von dem Begriff der Ökonomie getrennt und moralisiert. Er schuf den Begriff des unvergleichlichen und somit uneinschätzbaren „inneren Wertes" und der menschlichen „Würde", die sich im glücklichsten Fall in unserem „guten Willen" manifestiert. Diesen Willen erhob Kant als einzigen Wert in den Rang eines „absoluten Wertes".

Bei der Frage nach dem Maßstab sittlichen Handelns hat Kant die Antwort in seinem „Grundgesetz der reinen praktischen Vernunft" zusammengefasst formuliert, die wir als „Kategorischer Imperativ" kennen:

„Handle so, dass die Maxime deines Willens jederzeit zugleich als Prinzip einer allgemeinen Gesetzgebung gelten könne."

Hier stellen sich gleich reihenweise Fragen: Woher kann man nun in der praktischen Anwendung, im täglichen Leben die Parameter unseres Handels nehmen? Woher stammen sie? Gibt es einen transzendenten – vom Menschen unabhängigen, über ihn hinausweisenden – Urgrund des Guten? Stammt dieser von Gott oder wird er in der Natur vorgefunden? Gibt es ewige, universell gültige Normen? Sind die Kategorien der Ethik und der Moral gesellschaftliche Setzungen oder Konventionen?

Diese Fragen sind uralt, zugleich unmittelbar aktuell und weiterhin strittig. Antworten, sofern sie dogmatisch sind, können nicht überzeugen. Hier einen Streifzug durch die Geschichte der Ethik zu unternehmen, würde Bände füllen. Es ist jedoch nützlich, an dieser Stelle die aus der Philosophie bekannten „Kardinalstugenden" zu nennen.

Platons gesamte Philosophie ist eine intensive und umfassende Auseinandersetzung mit den sittlichen Leitlinien menschlichen Handelns. Als Kardinaltugenden nennt er Gerechtigkeit, Klugheit, Tapferkeit und Maß.

Aristoteles, Platons Schüler, vertritt die pragmatische Auffassung, dass das sittlich Gute und das Gerechte strittig und unbeständig sind. Zentrales Argument ist der Gedanke von Aristoteles, dass nichts an und für sich gut sei, sondern immer nur in einem spezifischen Handlungszusammenhang. Es dient dazu, doktrinäre Einseitigkeit zu vermeiden, sollte jedoch nicht für prinzipienlose Beliebigkeit in Anspruch genommen werden.

Die Wertvorstellungen zur Zeit des römischen Reiches sind aus mehreren Gründen ideengeschichtlich interessant. Schon früh haben die Römer eigene und sehr spezifische Wertvorstellungen entwickelt. Diese waren religiös fundiert und zugleich ausgeprägt gesellschaftlich orientiert. Typisch für die Grundhaltung der Römer war es, dass Werte als Pflichten und Gebote verstanden wurden, die unbedingt zu befolgen waren.

- religio – vom Skrupel zur Religion

- pietas – von der Pflichterfüllung zur Frömmigkeit

- fides – von der blinden Verpflichtung zum Glauben

- pax – vom Vertrag zum Friedenszustand

- dignitas – vom Rang zur Menschenwürde

In allen Hochreligionen geben die Gebote Gottes die Normen der Ethik vor. Zumindest wird in diesen Religionen die Auffassung verkündet, dass diese Gebote von einem höheren Wesen kommen, dass heißt von Außen und gleichsam von der Natur gegeben sind. Sie gelten unbedingt und sind menschlicher Disposition entzogen.

Thomas von Aquin[9], als der repräsentative Denker der christlichen Ethik, übernahm die Kardinaltugenden der Antike, ergänzte sie jedoch durch ein christliches Gegenstück, wie es von dem Apostel Paulus (1. Brief an die Korinther 13, 13) formuliert worden ist - die Dreiheit von Glaube, Hoffnung und Liebe.

Bei Arnold Geulincx[10], einem niederländischen Philosophen des 17. Jahrhunderts, findet sich eine Aufzählung von Kardinaltugenden, die – aus der Sicht unserer Tage – zur Problematik sekundärer Tugenden überleitet: Fleiß, Gehorsam, Gerechtigkeit und Demut.

Geradezu exemplarisch wird die Bedeutung der Tugenden in der Pädagogik des Theologen und Sozialpädagogen August Hermann Francke[11] aus der Zeit der Preußenkönige (1663 bis 1727) sichtbar. Fünf Werte und Tugendfelder waren in Franckes Handeln besonders wichtig: Standhaftigkeit, Ordnung, Arbeitsamkeit, Sparsamkeit und Bescheidenheit sowie Pflichtgefühl und Gehorsam.

Es fällt auf, dass die Wertvorstellungen je nach Gesellschaftsform und Epoche sehr unterschiedlich gewichtet werden. Bemerkenswert sind jedoch die Bedeutungsvielfalt und Doppeldeutigkeit. Der Begriff „Werte" hat eine objektive und eine subjektive Bedeutungskomponente. Werte sind

- einerseits von den Menschen unabhängig vorhandene Gebote und Pflichten, eine sittliche Orientierung und die daraus folgende Haltung und Lebensführung – mithin Normen,

- andererseits die Vorstellung des einzelnen Menschen von dem, was ihm für die eigene Lebensführung wichtig ist, so dass es geradezu Ziel seines Handelns werden kann, weil er einen Anspruch darauf hat oder doch geltend macht.

Diese Doppeldeutigkeit ist Nachteil und Vorteil zugleich. Nachteil, weil sie die Verständigung erschwert, wenn unterschiedliche subjektive Wertvorstellungen aufeinander treffen. Vorteil, weil sie zwei anscheinend gegenläufige Aspekte miteinander verklammert und deswegen auch ausbalancieren kann. Zu jedem Wert gibt es einen positiven Gegenwert. Beide sind also einander paarig zugeordnet und halten einander im Gleichgewicht. Jedem dieser beiden Werte entspricht eine Entartungsform, eine entwertende Übertreibung. Auch sie sind einander als analoge „Un-Werte" paarig zugeordnet. Hier nur ein paar Beispiele:

Der Sparsamkeit steht die Freigiebigkeit als positiver Gegenwert gegenüber. Die dazugehörigen Un-Werte sind Geiz und Verschwendung. Der Toleranz steht die Prinzipienfestigkeit gegenüber. Ihre Un-Werte sind Gleichgültigkeit und Engherzigkeit.

Einige weitere Beispiele hierfür sind nach dem folgenden Schema aufgeführt:

Wert	↔	Gegenwert
↕		↕
Unwert	↔	Unwert des Gegenwert

Sparsamkeit	↔	Freigiebigkeit
↕		↕
Geiz	↔	Verschwendung

Toleranz	↔	Prinzipienfestigkeit
↕		↕
Gleichgültigkeit	↔	Engherzigkeit

Brüderlichkeit	↔	Individualismus
↕		↕
Kollektivismus	↔	Selbstisolation

Humanität	↔	Gefühlskontrolle
↕		↕
Gefühlsüberschwang	↔	Gefühllosigkeit

Freiheit	↔	Verhaltenssicherheit
↕		↕
Beliebigkeit	↔	Erstarrung

Autonomie	↔	Gesetzestreue
↕		↕
Selbstherrlichkeit	↔	Unterwerfung

Aristoteles versteht die Zuordnungen dieser ethischen Werte als Gleichgewichtszustand zwischen Übertreibung und Unterlassung. Dabei zeigt sich, dass in manchen Werten mehrere Aspekte enthalten sind und mit diesem Verfahren sichtbar gemacht werden können. Das erweist sich vor allem bei der Auslegung von Grundwerten als nützlich.

Die Entwicklung einer Wertevorstellung ist das Wesen des Menschen und unterscheidet ihn vom Tier. Doch wie gelangen wir zu unseren Wertvorstellungen. Nach welchen Kriterien entscheiden wir uns für den einen oder anderen Wert? Wie gelangen wir zu dem Zustand des Gleichgewichts zwischen Übertreibung und Unterlassung?

Da Werte aus einer subjektiven Wahrnehmung des Individuums entstehen, können sie nicht dogmatisch von außen vorgegeben werden. Sie entstehen nicht von selbst, viel mehr erwerben wir sie, indem wir sie ausüben wie auch andere Fertigkeiten. Sie müssen verinnerlicht sein durch ständiges Ausüben: Indem wir gerecht handeln, werden wir gerecht, indem wir uns an Gefahren und Furcht gewöhnen werden wir tapfer und mutig. Die Entwicklung von Werten kann daher nur das Ergebnis einer eigenen Handlungsweise sein. Nur so sind wir bereit, diese Werte auch zu leben. Diese Fähigkeit liegt in der Natur des Menschen. Sie im Sinne des Kategorischen Imperativs auch zu nutzen, bedarf es nach Kant einer Erziehung in vier Schritten:

- Disziplinierung

- Kultivierung

- Zivilisierung

- Moralisierung

Diese Handlungsformen sind nicht auf eine nicht naturgegebene Gesetzlichkeit bezogen, sondern auf die unterschiedlichen Gesetzlichkeiten der theoretischen und der praktischen Vernunft:

- Disziplinierung
  Disziplinierung ist nach Kant der „negative Teil der Erziehung" im Sinne einer Umänderung der Tierheit in die Menschheit, d. h. Erzeugung von Gesetzesbewusstsein, Einführung in das Denken, also in den vielfältigen Bereich der Intersubjektivität. Disziplinierung als erste Stufe dieser Initiation soll Wegbereiter zur höchsten Form der Humanität sein, indem sie - wertend verstanden - den Abfall in die Inhumanität, in die bloße Willkürlichkeit, in die voluntative Egozentrizität, in missverstandene, nämlich chaotische Freiheit zu verhindern sucht. Disziplinierung soll den Menschen zu Selbstbeherrschung befähigen.

- Kultivierung
  Unter Kultivierung versteht Kant Unterweisung, Bildung und Belehrung, also den am Prinzip der Geschicklichkeit orientierten „positiven Teil der Erziehung". Kultivierung in diesem engen Sinne bedeutet die Erschließung dessen, das man in der Pädagogik „Bildungswelt" genannt hat. Erst wer Einsicht in die Gegebenheiten, Werke und Maßstäbe der ihn tragenden Kulturwelt gewinnt, erhält die Chance, sich zu befreien.

- Zivilisierung
  Während Kultivierung die Entdeckung und Steigerung der Individualität als eines Inbegriffs individueller Wertigkeiten beabsichtigt, ist die pädagogische Handlungsform der Zivilisierung auf die soziale Wertsphäre bezogen. Die Zivilisierung lässt den Menschen zu einem Mitglied der Gesellschaft werden, das deren Werthorizonte annimmt und sich in der Orientierung an ihnen entwickelt.

- Moralisierung
  Die Moralisierung dagegen ist auf menschheitlich orientierte unbedingte Wertigkeit bezogen. Menschen sollen zu selbstbestimmtem und an sittlich-vernünftigen Werten orientiertem Leben fähig werden.

Die Moralisierung kann jedoch dazu führen, dass Werte einer stark subjektiv geprägten Bewertung unterliegen. Beim Aufeinandertreffen verschiedener Wertevorstellungen, die moralisch begründet sind, ergibt sich fast zwangsläufig ein erhebliches Konfliktpotenzial. Die Geschichte hat gezeigt, dass solche Auseinandersetzungen nicht immer bei verbalen Attacken geblieben sind.

Kants Werteansatz ist sehr theoretisiert. Gerade weil die Entstehung von Werten von sehr vielen Faktoren abhängt, gibt es keine Allgemeingültigkeit. Dies wird heute besonders deutlich, wenn Werteerziehung von der Politik und den Medien so stark thematisiert wird. Werteerziehung vollzog sich in der Vergangenheit gleichsam von selbst. Sie war ein selbstverständlicher Teil dessen, was allgemein als Sozialisation bezeichnet wird und beruhte ganz wesentlich auf die Herkunft der Familie, Stand, Kirche und Gesellschaft. Diese gewährleistete Verhaltenssicherheit, band jedoch die Menschen so stark, dass diese Sicherheit im Laufe der geschichtlichen Entwicklung als Knebelung empfunden wurde. Aufklärung und Revolutionen, die Freiheitsbewegung der 1968er Jahre und die moderne Emanzipation halfen diese Fesseln abzustreifen. In unserer Zeit erleben wir eine nicht gewollte Gegenwirkung dieses Prozesses. Freiheit kann zur Strapaze werden. Die Vielzahl unterschiedlicher Wertvorstellungen hat die Menschen von dem Ausschließlichkeitsanspruch in früheren Zeiten befreit. Sie lässt einerseits notwendige Grenzen verschwimmen und löst andererseits Konflikte aus, die aus der Konkurrenz gegensätzlicher Wertvorstellungen resultieren. Diese Konflikte finden nicht nur zwischen verschiedenen Individuen statt, sondern auch innerhalb des einzelnen Individuums.

Ein Blick in die Vergangenheit hat gezeigt, dass Werte oft durch gesellschaftliche Strukturen und Machtgefüge geprägt wurden. Werte können aber nicht per Erlass verordnet werden, sie müssen angenommen werden. Dabei

gilt es Orientierung zu vermitteln statt Dogmen aufzu-
zwingen.

Werteerziehung hat heute vor allem mit der Vermittlung
von Ehrlichkeit, Anstand, Lebensmut, Lebensfreude,
Selbstvertrauen und auch mit der Fähigkeit zu tun, zugleich anderen zu vertrauen, wie für sie vertrauenswürdig
zu sein. Man kann dies auch Charakterbildung nennen. Sie
steht am Anfang und im Zentrum, was einen jungen heranwachsenden Menschen erfolgreich ins Leben hinein-
führt, ihn also lebenstüchtig macht. Ein wesentlicher Aspekt bei der Werte-Erziehung ist dabei der Aspekt der
Gedankenfreiheit.

Gedanken- und Gewissensfreiheit sind die grundlegenden
Prinzipien der Freimaurerei. Kann ich deshalb die Freimaurerei als eine Form der Werte-Erziehung sehen?

Als die fünf Grundpfeiler der Freimaurerei gelten: Freiheit, Gleichheit, Brüderlichkeit, Toleranz und – im Besonderen – die Humanität.

Die Freiheit, im Sinne einer Freiheit des Geistes, garan-
tiert uns die persönliche Unabhängigkeit. Die Gleichheit
erlaubt jede Meinungsäußerung. Jemand, der von blindem
Gehorsam geleitet wird, kann nicht als selbstständige und
verantwortungsbewusste Persönlichkeit betrachtet werden. Weder kann er sich selbst vervollkommnen, noch
auf die Menschheit positiv einwirken und diese weitgehend verändern. Ohne Achtung des Nächsten, ohne
Gleichheit gibt es weder Toleranz noch Freiheit.

Bei dem Begriff Gleichheit geht es nicht nur um gleiche Rechte, sondern auch um die Gleichheit der Personen. Jeder wird mit all seinen Stärken und Schwächen anerkannt und akzeptiert, die seine Einmaligkeit ausmachen. In der Loge gibt es weder geistige noch soziale Unterschiede. Diese brüderlichen und freundschaftlichen Beziehungen erlauben einen vorurteilslosen Dialog, den ein Freimaurer nicht nur in der Loge, sondern auch außerhalb suchen muss. Nur so ist es möglich, dass Freimaurerei aktiv an der Entwicklung der Gesellschaft und an der Verbesserung seiner Umwelt mitwirkt.

Die Brüderlichkeit ergibt sich aus der Gleichheit, ist aber vor allem auch Sprache des Herzens. Die Freimaurer dürfen nicht ihre Gefühle verbergen. Im Unglück reicht der Freimaurer seine helfende Hand und er freut sich über das Glück der anderen. Brüderlichkeit schafft Sicherheit, sie gibt Vertrauen, Fürsorge, Mitverantwortung und Verständigung mit- und untereinander.

Toleranz ist der Schlüssel für aktives Zuhören und für das Verständnis anderer Meinungen.

Humanität ist die Summe der vier vorgenannten Werte. Sie beinhaltet die Pflicht eines Freimaurers, die gesellschaftliche Entwicklung in allen Bereichen zu beobachten, Vergangenheit und Gegenwart mit kritischen Augen zu beurteilen und offen zu sein für neue Ideen im humanistischen Sinn. Wissen sollte stets als provisorisch und entwicklungsfähig angesehen werden. Es ist ein immer währender Auftrag, dem Suchen und Forschen nachzukommen.

Mit dem Bekenntnis zur Freimaurerei werden diese Werte zur eigenen Lebensphilosophie erklärt. Oder anders ausgedrückt, wer nach dieser Lebensphilosophie lebt, handelt im Sinne des freimaurerischen Geistes. Doch niemand kann sicher sein, dass sein Handeln in allen Belangen diesen Werten entspricht. Dieses erklärte Ziel ist das Utopia der Freimaurerei. Man wird es nie erreichen, sondern kann sich nur täglich auf den Weg machen, um sich ihm zu nähern. Die Loge dient dabei als ein Ort, an dem diese Werte immer wieder in Erinnerung gerufen werden.

Das Ziel – und sein Erreichen bezeichnet man als die königliche Kunst – besteht darin, die Werte durch aktives Handeln weiter zu entwickeln – für sich selbst und als Vorbild für andere. Wir sind gleichermaßen Lehrling und Erzieher. Hierzu passt ein Zitat von Hans Aebli[12]:

„Nie wird der Seefahrer den Polarstern erreichen. Aber immer braucht er ihn, um die Richtung zu halten. Einem solchen Seefahrer gleicht auch der Erzieher."

∞

VOM INNEREN WANDEL

„Tradition ist nicht das Halten der Asche, sondern das Weitergeben der Flamme.“

Thomas Morus

Wenn ein Mensch zu Grabe getragen wird, folgt für die Hinterbliebenen eine Zeit der Trauer. Sie gilt dem Andenken des Menschen, der uns im Leben nahe stand. Aber welcher tiefere Sinn steckt hinter diesem Ritual der Trauer und welche Bedeutung hat sie in unserem Leben?

Der Verstorbene hinterlässt eine Lücke in den Reihen der Hinterbliebenen. Unser Mitgefühl ist für den Verstorbenen physisch nicht mehr erreichbar. Mit dem Gefühl der Trauer verbinden wir auch Begriffe wie Schmerz, Verlust, Abschied und Einsamkeit. Für den Trauernden ist es vor allem eine Zeit des Wandels und wird daher zu einer wichtigen Aufgabe, die es zu bewältigen gilt. Die neue Lebenssituation stellt die Trauernden vor neue

Lebenswege. Der Verstorbene wurde durch sein Able-
ben von allen irdischen Verpflichtungen und Leiden befreit. Sein Lebenswerk auf Erden ist vollbracht. Für die
Hinterbliebenen steht nun eine Zeit des Wandels an. Die
Aufgaben, die dieser Mensch bisher geleistet hat, müssen
neu aufgeteilt werden. Hierbei ergibt sich oft eine Über-
forderung. Dies tritt vor allem dann ein, wenn der Verstorbene zu Lebzeiten seine Aufgaben nicht rechtzeitig
übergeben hat oder konnte.

Der Tod ist das Prinzip der Transformation. Nicht nur
der Verstorbene durchlebt diese Transformation, sondern mit ihm alle Betroffenen. Sie ist die Chance für neues Leben, für den Verstorbenen im Jenseits, für die Hinterbliebenen im Diesseits.

Der Tod begegnet uns in vielerlei Erscheinungsformen:

Kinder verlieren Vater oder Mutter durch einen Ver-
kehrsunfall; ein Mensch wird nach langer, schwerer
Krankheit durch den Tod erlöst; in Folge von Hungers-
nöten stirbt ein Kind und hinterlässt verzweifelte Eltern
weil sie es nicht ausreichend versorgen konnten; ganze
Völker werden durch Schergen skrupelloser Machthaber
ausgerottet. Bei jedem Tod suchen wir nach dem Sinn,
der dahinter stecken mag. Oft erscheint uns die von dem,
was wir Schicksal nennen, getroffene Wahl ungerecht
und sinnlos. Es ist schwer vorstellbar, dass eine höhere
Macht nach besonderen Kriterien seine Auswahl – und
sehr oft sind es Unschuldige – trifft. Vielleicht ist die
Menschheit als Ganzes, die für die jeweilige schicksalhafte
Auswahl verantwortlich sind, weil möglicherweise all
unser Handeln und unsere Gedanken in einer bestimm-

ten Wechselwirkung zueinander stehen. Hierauf werde ich noch im Weiteren näher eingehen.

Was der Tod konkret für den Betroffenen bedeutet lässt sich aus unserer Perspektive und mit unseren Möglichkeiten nicht beantworten. Diesen freien und – anscheinend – wissenschaftlich nicht ergründbaren Raum nutzen vor allem die Religionslehren für ihre nicht immer uneigennützigen Interpretationen.

Befreit von allen irdischen Verpflichtungen, vielleicht erlöst von den Qualen einer unheilbaren Krankheit steht diesem Menschen ein neuer Abschnitt bevor. Hiervon können wir nicht mehr mit Gewissheit sagen, was uns erwartet. Es beginnt etwas, was wir nur noch mit Glauben und Hoffen erklären können. Folgen wir beispielsweise der christlichen Lehre, so bedeutet jeder Tod die Oster-Erfahrung Christi mit seiner Auferstehung. Jedenfalls nur der Verstorbene wird diesen unumstößlichen Wandel erfahren. Die Gewissheit die uns im Leben bleibt, ist, dass uns ein irdischer Wandel bevorsteht. Die Frage dabei ist nur, ob wir uns diesem Wandel bewusst stellen wollen und damit bei einem Sterbefall aktive Trauerarbeit leisten wollen – oder können.

Wandel ist ein elementarer Bestandteil der Natur, sozusagen ihre ureigenste Eigenschaft. Wir sind unbestreitbar ein Teil dieser Natur. Wenn man sich jedoch umschaut, stellt man fest, dass die meisten Menschen den Wandel fürchten. Nicht umsonst wird diese Aufforderung zum Wandel in der Literatur so oft beschworen. Man denke dabei nur an das populäre Gedicht von Hermann Hesse über den innewohnenden Zauber, der in jedem Anfang stecken soll[13].

In der Natur gibt es kein Bewahren. Das Unwandelbare in der Natur kennen wir als Fossilien. Und so müssen sich auch ihre Lebewesen dem permanenten Wandel unterwerfen, wenn sie nicht als lebende, zukünftige Fossilien enden wollen. Die Natur ist bei ihrem Wandel geradezu unbarmherzig konsequent.

Geburt und Tod stellen für uns die drastischste Form von Wandel dar, weil sie absolut irreversibel sind. Aber da unser ganzes Leben von Wandel geprägt ist, sollte jeder Tag wie ein aktives und bewusstes „Lust"-Wandeln gelebt werden.

Obwohl wir den Wandel in uns nur ungern ohne äußeren Zwang freiwillig zulassen, haben wir Menschen uns selbst Lebensbedingungen geschaffen, in der die Entwicklung unseres Lebensraumes rasanter fortschreitet und sich unser Leben schneller verändert, als uns in unserem Innern wirklich lieb ist. Obwohl wir uns häufig Kontinuität, Beständigkeit und Dauerhaftigkeit wünschen, rufen wir kurioserweise oft selbst den Wandel hervor. Klimawandel und Waldsterben sind beispielsweise durch unsere technischen Entwicklungen hervorgerufen, mit deren Folgen und Bewältigung wir jedoch überfordert sind.

Wandel bedeutet immer auch die Konfrontation mit dem Neuen und dem oft Unbekannten. Was uns unbekannt ist, wird meist gefürchtet. Dies ist wahrscheinlich der Grund unserer Furcht vor dem Wandel. Aus dieser Angst neigen wir dazu, uns an Dingen festzuhalten, die uns ein Gefühl von Sicherheit geben und die wir mit glücklichen Erinnerungen verbinden. Aber genau dieses Festhalten steht im Gegensatz zum Wandel. Nur indem das Alte weicht, kann Neues erwachsen. Somit ist eine grundsätzliche Voraussetzung für die Veränderung die Fähigkeit, das Alte loslassen zu können und dem Neuen offen – sozusagen entfaltet – entgegen zu treten. Dieses Alte können unsere Verhaltensmuster sein und unsere Denkweise. Es kann aber auch materieller Besitz sein, der meist angeschafft wird, um Horte der Beständigkeit zu schaffen, was damit im Gegensatz zur Bereitschaft zum Wandel steht.

Die Angst vor Verlust und Neuem birgt die große Gefahr, dass wir manipulierbar werden. Gerade deshalb wenden politische Parteien, Religionen und einzelne Interessensvertreter dieses Mittel an, um ihre Macht damit zu festigen oder an sie zu gelangen. Fremdenhass, Kriege aus religiösen oder imperialistischen Gründen finden im Wesentlichen aus der Unwissenheit und der daraus geschürten Angst vor dem Unbekannten statt. Es gibt ansonsten keine Gründe, die Gewaltbereitschaft gegenüber Andersdenkenden und Menschen anderer Hautfarbe sinnhaft zu erklären. Denn von einem anderen Glaubensbekenntnis oder einer anderen Hautfarbe geht keine objektive Gefahr aus.

Wandel ist allgegenwärtig und nicht zu verhindern. Wer überleben will, muss lernen, mit ihm zu leben und sich auf die neue Lebenssituation einzustellen. Zudem muss man erkennen, dass Wandel nicht etwas Bedrohliches, sondern etwas Sinnvolles in der Natur darstellt, man könnte fast sagen, dass es ihr ureigenster Sinn ist. Hierzu sollte man notwendigerweise analysieren, was am Wandel als bedrohlich empfunden wird und was man zu verhindern versucht. In den meisten Fällen ist es materieller Besitz und emotionale Abhängigkeit. Damit ist nicht die vollkommene Befreiung von sämtlichen Besitzes und Bindungen gemeint, wie sie Diogenes verstanden hat. Es ist entscheidend, dass die Zusammenhänge des eigenen Handelns klar werden und man sich bewusst macht, aus welchen Beweggründen materielle Güter angehäuft oder emotionale Bindungen eingegangen werden.

An dieser Stelle kommt man zwangläufig zu der hoch philosophischen Frage nach dem Sinn des Lebens. Da diese Frage bereits mehrfach und ausführlich in der Philosophie und Literatur behandelt wurde, möchte ich an dieser Stelle auf die Ausführungen auf die einschlägigen Quellen verweisen. Es erscheint jedoch unbestreitbar, dass es hier zwei wesentliche Möglichkeiten gibt: Neben der eigentlichen Sinnfrage sollte immer auch die Möglichkeit in Betracht gezogen werden, dass unser Dasein keinen höheren Sinn hat. Würde man eines Tages erkennen müssen, dass dies tatsächlich der Fall wäre, hätte dies für einige Interessensgruppen, insbesondere für religiös orientierte, fatale Folgen.

Zu einem durchaus praktischem Ansatz verhilft hier ein Ausspruch von Johann Wolfgang von Goethe: „Selbstentfaltung, unter Rücksichtnahme auf andere, ist der alleinige und ausreichende Zweck des menschlichen Daseins."

In dieser Behauptung steckt die Annahme, dass der Mensch sich in einem zusammengefalteten und eingewickelten Zustand befindet. Vergleichbar mit der Metamorphose einer Raupe, die sich durch Verpuppung in einen Schmetterling entwickelt, kann durch Entfaltung und Entwickelung der Gesinnung und Wahrnehmung eine Veränderung durchlebt werden. Es muss allerdings unbedingt klar sein, welches die Beweggründe für Wandel und Veränderung sind und ob die Sinnhaftigkeit erkannt wird.

Veränderung ist fast immer mit intensiven und sogar schmerzlichen Arbeitsprozessen an der eigenen Person verbunden. Hierzu möchte ich mein persönliches Seelenmodel erläutern:

Man stelle sich ein großes schwarzes Nichts vor, voll gefüllt mit Energie. Diese Energie steht für die Summe allen geistigen Lebens. Mit jedem neuen Leben wird hieraus der Geist neuen Lebens gefüllt, unsere Seele. Gleich einem Lebenshauch ergibt sich eine Blase, eine Ausbeulung aus diesem Energienichts. Stellen wir uns nun vor, dass diese Energieblase mit Wicklungen aus Seilen gehalten wird und ihr auf diese Weise eine äußere Form, eine Gestalt gibt. Im Laufe unseres Lebens verstärken sich diese Wicklungen, sie verstärken sich durch unsere Erziehung, durch die Beeinflussung unserer Gesellschaft, unserer Kultur, durch unsere persönlichen Erfahrungen. Sie geben uns Halt, damit wir uns als junger Mensch in der Welt zurechtzufinden. Doch wenn wir wachsen, erwachsen, dann werden diese Wicklungen zu eng, zu dicht oder zu fest, dann schnüren sie uns ein. Um dies zu verhindern, müssen wir uns im wahrsten Sinne des Wortes „ent-wickeln". Diese Befreiung darf jedoch nicht dazu führen, dass wir uns von zu vielen Wicklungen befreien. Dadurch würden wir unsere Kontur und unseren Halt verlieren und damit auch unsere Lebensfähigkeit. Es gilt, die Balance zwischen Halt gebenden und einschränkenden Wicklungen zu finden.

An dem Tag, an dem wir unsere sterbliche Hülle verlassen, kehren wir in dieses Energienichts zurück, werden gleichsam eingesaugt und werden wieder ein Teil des Gesamten. Nur – und das ist das Entscheidende an diesem Denkmodell – hat sich während dieses Lebens unsere Seele, unser Geist durch unser Handeln im Leben verändert, eben entwickelt. Diese Wandlung nehmen wir mit und bringen sie wieder ein in die Gesamtheit aller Energie. Und so nehmen wir durch unser irdisches Handeln und Denken Einfluss auf die große Gesamtheit aller geistigen Seelenenergie. Jede positive Entwicklung einer Seele wirkt in weiteren Seelengenerationen fort. Mehr noch: weil unsere eigene Energieblase, wie auch die Gesamtheit aller Energieblasen mit dem großen Energienichts verbunden ist, leben wir in einer Art Wechselwirkung zueinander.

Natürlich kann ich keinen wissenschaftlichen Beweis für die Existenz dieses Modells vorlegen. Dennoch hilft es, viele Fragen zu beantworten, die sich bei der Frage nach der Existenz einer höheren Macht ergeben. In meinem Fall nenne ich sie Energie. Entscheidend ist, dass wir durch eine aktive und positive Lebenseinstellung und Lebensweise keinen Fehler begehen und keinen Schaden anrichten. Und selbst mit einer nur vagen Möglichkeit, dass wir durch unser Handeln Einfluss auf die Gesamtheit der Lebewesen haben, sollte man dies als eine Aufforderung zum positiven Denken und Handeln ansehen.

Diese These mag sich von den Vorstellungen oder Glaubensbekenntnissen eines jeden Einzelnen unterscheiden. Impliziert sie doch indirekt, dass es keinen Gott gibt, der gleichsam alles kontrollierend unser Handeln seinem Urteil unterzieht. Aber das sind nur nebensächliche und nicht beweisbare Details. Der Kernaussage aller Religionen, der Aufforderung zu moralischem Handeln, wird mit diesem Modell nicht widersprochen ebenso wie dem Vorhandensein einer höheren Macht.

Grausamkeiten, Kriege, Hungersnöte, Kindersterben, Naturkatastrophen, der Verlust eines geliebten Mitmenschen und ähnliche Katastrophen werden gerne als Prüfung oder gar Strafe Gottes gedeutet. Ich will nicht bestreiten, dass bestimmte Schicksalsschläge ihren Sinn haben und für unseren Wandlungsprozess notwendig sind oder er durch einen Schicksalsschlag ausgelöst wird. Auch wenn weiterhin unklar bleibt, ob es für diese Geschehnisse ein verantwortliches Wesen gibt, so bleibt die Frage, welchen Sinn sein Handeln ergibt, wenn beispielsweise Grausamkeiten an Kindern begangen werden. Eine beliebte Antwort von Vertretern bestimmter Religionen darauf ist, dass Gottes Wege unergründlich sind. Es steht für mich außer Zweifel, dass bestimmte persönliche Schicksalsschläge, insbesondere Krankheiten, nicht zufällig auftreten. Ich bezweifle jedoch, dass sie von außen, von etwas Überirdischem gesteuert werden. Sie sind vielmehr das Ergebnis unserer Lebensweise und bestimmter Naturgesetze unseres Körpers, die wir übertreten oder nicht beachtet haben.

Manche Krankheiten zwingen uns zur Ruhe, sie sind nicht die Folge einer richterlichen Verfügung, sondern ergeben sich meist zwangsläufig als Konsequenz unserer persönlichen Lebensweise. Schicksalsschläge größeren Ausmaßes ergeben sich aus derselben Ursache, nur fehlt uns die Fähigkeit, größere Zusammenhänge zu erkennen, weil die Wechselwirkung zwischen Ursache und Wirkung oft nicht zugeordnet werden kann. Die globale Erwärmung und das Ergebnis unserer Industriegesellschaft und der zunehmenden Überbevölkerung ist dabei nur ein Aspekt, der langsam auch von den Politikern akzeptiert wird, weil sich seine Auswirkungen nicht mehr leugnen lassen. Unwetter sind daher keine göttliche Strafe, sondern selbst verursachte Katastrophen unseres Handelns. Wenn diese „offensichtlichen" Auswirkungen von uns selbst verursacht werden, warum sollen andere ausgerechnet eine göttliche Fügung sein? Sie sind meiner Meinung nach das Ergebnis oder die Summe unserer geistigen Energie. Unserer Gedanken stehen in einer Wechselwirkung. Begreift der Mensch seinen Geist als einen Teil der gesamten existierenden geistigen Energie, ergibt sich die Konsequenz, dass unser Denken und Handeln direkten Einfluss auf diese Energie hat. Kriege sind immer das Ergebnis der Taten einzelner Machthaber, die die Menschen aufwiegeln und zu kriegerischen Taten führen. Diese Despoten sind Menschen, die die latenten negativen Energien der Menschen spüren, konzentrieren und für ihre Zwecke ausnutzen können[14].

Ich bin der festen Überzeugung, dass wir diese Energie der Seelen durch unser Handeln im Diesseits verändern können. Aktives Handeln bedarf einer Körperlichkeit, in die wir durch unsere Geburt hinein und durch den Tod wieder hinaus gelangen. Diesen Wandlungsprozess der Energie voranzutreiben könnte jedenfalls der Zweck unserer Geburt sein. In dieser Körperlichkeit sind wir in der Lage, freie und persönliche Entscheidungen zu treffen und damit auch frei in unserer Entwicklung. Die Konsequenzen aus unserem Handeln und Denken müssen wir persönlich tragen, weil wir damit direkt diese Energie beeinflussen. Die sich daraus resultierende Veränderung wird sich auf unser eigenes Leben und das unserer lebenden sowie nachfolgenden Mitmenschen auswirken.

Unsere Seele ist vergleichbar mit einem Tropfen, der aus einem Glas mit klarem Wasser geschöpft wird. Durch unseren Lebenswandel können wir die Farbe des Tropfens verändern. Wird dieser Tropfen dann am Ende eines Menschenlebens wieder in das Glas zurück geschüttet, wird sich die Farbe des Wassers nicht wesentlich ändern. Aber wenn sich immer mehr Tropfen sich für eine Farbe entscheiden, dann wird sich langsam aber stetig, die Farbe im Glas ändern. Jeder Tropfen enthält die Energie aller bisherigen Leben. Auf diese Weise können wir unsere Existenz als dauerhaft annehmen. Wandel wird so zum Zweck unseres Daseins.

Wenn also Wandel nicht nur ein Bestandteil sondern der Zweck unseres Seins ist, warum fürchten wir ihn? Diese Furcht entsteht dort, wenn wir Wandel mit dem Gefühl von Verlust gleichgesetzten. Verlieren können wir aber nur das, was wir besitzen. Besitzen können wir wiederum nur materielle Gegenstände. In einer leistungsorientierten Gesellschaft wird Erfolg mit der Anhäufung von materiellem Besitz gemessen. Je reicher ich an materiellen Gütern ausgestattet bin, umso größer wird dieser Erfolg von der Gesellschaft angesehen und umso größer wird auch mein Ansehen in der Gesellschaft sein. Aber dieser Besitz hat den wesentlichen Nachteil: Er kann mir genommen werden. Bei dieser Bewertung von Glück, werde ich ständig Verlustängste empfinden und diese Angst wird mein Handeln stets beeinflussen.

Wer gelernt hat, sich von materiellem Besitztum oder von anderen Menschen emotional unabhängig zu machen, wird das Gefühl des Glücks aus sich selbst schöpfen können. Hierzu gehören zum Beispiel Erinnerungen aus gemeinsamen Erlebnissen mit Freunden und emotionale Anerkennung. Sie können einem nicht genommen werden und halten jeder Wirtschaftkrise stand, solange man sich selber treu bleibt.

Zudem muss man zwischen dem Glücksmoment und dem Empfinden von Glück unterscheiden. Hierzu ein banales Beispiel aus dem Alltag des Straßenverkehrs. Das Glück, einen freien Parkplatz zu finden ist nicht das Entscheidende. Wesentlich ist, welches Gefühl man dabei empfindet. Wer noch nie vor einem bevorstehenden Termin in die Situation geraten ist, auf der Suche nach einem Parkplatz in Zeitnot geraten zu sein, der wird keine besondere Gefühlsregung bemerken, wenn er in eine Parklücke einparkt. Erst wer schon einmal durch die Straßen gefahren ist, dabei verzweifelt auf die Zeiger seiner Uhr schauend, einen Parkplatz herbei sehnt, wird ein Gefühl des Glücks erleben, wenn sich vor ihm eine Lücke am Bordstein auftut. Dieser Glücksmoment, wenn ich ihn als solchen bewusst wahr nehmen kann, wird sich möglicherweise auf mein gesamtes Empfinden auswirken. Daran ist zunächst nichts auszusetzen. Fatal ist es erst, wenn das Empfinden von Glück grundsätzlich von erlebten Glücksmomenten abhängt. In diesem Fall werden sich unglückliche Umstände in gleicher Weise auf mein Befinden auswirken. So besteht die Gefahr, dass sich bei einer Durststrecke von Glücksmomenten auch kein Glücksgefühl einstellen wird.

Daraus lässt sich ableiten, dass das Glücksgefühlaus aus Glücksmomenten kein dauerhafter Zustand sein kann. Dies hat durchaus seinen Sinn, da es dem Gesetz des Wandels widerspricht. Nur durch Niederlagen und Schicksalsschläge werden wir gezwungen, uns zu verändern. Indem wir Unglück als Chance begreifen, können wir den notwendigen Wandel in uns zulassen. Nur aus den unglücklichen Momenten unseres Lebens können wir wieder neue Glückmomente schöpfen. Dauerhafte Glücksmomente könnten schließlich nicht mehr als solche empfunden werden und würden am Ende nur in einer dauerhaften Krise enden.

Es gibt aber noch eine ganz andere, tiefer Form des Glücks, welches nicht durch alltägliche, glückliche Umstände, die uns, mehr oder weniger, zufällig widerfahren entsteht. Dies geschieht durch unser uneigennütziges, selbstständiges und sozial geprägtes Handeln. Wenn sich die Gedanken nicht um die eigene Person drehen, sondern um das Wohl eines anderen Menschen, wer seine eigenen Bedürfnisse zurückstellt, wird etwas erfahren, dass man nicht erkaufen kann, nämlich Anerkennung und Dankbarkeit für unser Tun.

Es muss jedoch ergänzt werden, dass diese Anerkennung nur dann auch tatsächlich als Glück empfunden wird, wenn die vorangegangene Aktivität einem freiwilligen und ohne äußeren oder inneren Zwang und einem freien Geist entsprungen ist.

Um tiefes und unabhängiges Glück erleben zu können, brauchen wir einen freien Geist, der freie Entscheidungen treffen kann. Dies erfordert eine Verantwortung in der Gesamtheit des Handelns, gegenüber anderen, aber auch sich selbst gegenüber. Wenn wir diese Verantwortung in andere Hände geben, verlieren wir unsere Handlungsfreiheit. Wirtschaftskrisen und Börsencrashs, wie sie beispielsweise 2008 durch den Zusammenbruch des Immobilienmarktes in den USA hervorbracht wurden, entstehen nicht zufällig. Sie sind das Ergebnis kollektiver Gier nach Profit. Dieser unbedingte Wunsch nach materiellem Reichtum wird führt dazu, dass Menschen, mit fast naiver Gutgläubigkeit, ihr schwer verdientes Geld anvertrauen und sich anschließend darüber wundern, wenn damit verantwortungslos umgegangen wird.

Es gilt hier, keine Schadenfreude denen gegenüber zu empfinden, die viel – vielleicht alles – durch solche Ereignisse verloren haben. Auch möchte ich nicht jedem unterstellen, dass er von Gier geleitet wurde, wenn er vielleicht sein Erspartes nur krisensicher anlegen wollte. Doch sind wir nicht manchmal allzu leichtfertig und gutgläubig, wenn uns Versprechungen gemacht werden, bei Angelegenheiten, die wesentlichen Einfluss auf unser Leben haben können?

Es ist sicher niemandem umfassend und in jeder Situation in der Lage, seine Lebensentscheidungen fehlerfrei zu treffen. Entscheidend ist, dass wir die Mechanismen erkennen, die im Leben wirken und uns der Konsequenzen unseres Handelns bewusst sind. Zumindest muss man sich im Klaren sein, dass es solche Mechanismen gibt. Es muss uns bewusst sein, dass unser Erkennen von unseren Sinnen abhängt. Was wir nicht sehen, hören, riechen, tasten oder schmecken können, das können wir nicht wahrnehmen. Dies bedeutet aber nicht im Umkehrschluss, dass es diese Dinge objektiv nicht gibt. Objektive Wahrnehmung gibt es für uns nicht. Oft wird genau diese Art der Erkenntnis ausgeblendet. In dem wir die Wahrnehmung unsere Sinne schärfen, können wir einer solchen anzustrebenden Objektivität näher kommen. Wir müssen aufhorchen und wachsam werden, wenn uns Behauptungen in Medien, Politik und sonstigen Publikationen beeinflussen wollen. Sie stets zu hinterfragen, erscheint als eine der Aufgaben in der modernen Freimaurerei, zu der sich ein Freimaurer verpflichtet fühlen muss.

Nur durch Wachsamkeit können wir unsere Sinne schärfen und können somit unsere Fähigkeiten zur Wahrnehmung erweitern. Mit einer erweiterten Wahrnehmung werden wir dem Wandel freier und offener gegenüber stehen. Trauer ist dabei ein ganz wesentliches Gefühl, sozusagen gefühlter Wandel.

Im März 2008 verstarb die geliebte Tante Ingrid meiner Frau an Lungenkrebs. Unsere damals zweijährige Tochter Maya hat ihr Sterben direkt miterlebt. Als ich Maya fast ein Jahr später, auf einer Schaukel sitzend anschiebe, will sie hoch in den Himmel schaukeln, „hoch bis zu Ingrid in den Himmel", ruft sie und lacht dabei.

Verharren Sie einen Moment in Stille und gedenken Ihrer Verstorbenen. Denken dabei zurück an die angenehmen Momente mit diesen Menschen. Momente, die sie für uns „unsterblich" gemacht haben. Und wenn Sie dann ein Lachen in Ihrem Herzen wiederfinden, dann war es wahrlich Trauer und Sie werden spüren, wie sich ein Wandel in Ihnen vollzieht.

∞

DIE FRAGE NACH SELBSTERKENNTNIS

„Kühner, als das Unbekannte zu erforschen, kann es sein, das Bekannte zu bezweifeln."

Kaspar

„Selbsterkenntnis ist der erste Weg zur Besserung" eine jener Volksweisheiten, die wir in der Regel von anderen hören, wenn wir einen Fehler eingestehen. Um mich zu bessern, bedarf es demnach einem Erkennen des eigenen Selbst. Nur, wie komme ich zu dieser Selbsterkenntnis?

Kann ein Mensch sich wirklich selbst erkennen? Immanuel Kant zeigte uns, dass das, was erkannt wird, zwangsläufig von dem abhängt, der es erkennt. Es muss also bei der Frage nach der Selbsterkenntnis zunächst geklärt werden, was andere in mir erkennen.

Je nach persönlicher Lebenslage erkennt der eine in mir vielleicht den Freundlichen, der andere den Ungeduldigen, den Unbeherrschten, den Kränkelnden, den Fröhlichen oder den Traurigen. Doch wer bin ich wirklich?

Aus der Psychologie wissen wir, dass die Persönlichkeit eines Menschen sich nicht als eine unteilbare Einheit darstellt, sondern aus unterschiedlichen Persönlichkeitsanteilen besteht, die letztlich in ihrer Gesamtheit unsere Persönlichkeit ausmachen. Die Fähigkeit, seine einzelnen Persönlichkeitsanteile zu harmonisieren und sie aktiv an der eigenen Persönlichkeit zu beteiligen, versteht man dann als persönliche Kongruenz.

Diese Anteile können allerdings nicht mit Gewalt beherrscht werden, sondern benötigen einen verständnisvollen und liebevollen Umgang, so wie ich auch meine Mitmenschen behandeln sollte oder von meinen Mitmenschen behandelt werden möchte. Jede Unterdrückung und Leugnung eines Persönlichkeitsanteils kann zu einem Pendeleffekt führen, so dass dieser Oberhand über uns gewinnt, was andere dann als Überreaktion wahrnehmen. Wenn z. B. der zornige Anteil in uns unterdrückt wird, kann „er" mit ungeahnter Kraft und im unpassendsten Moment an die Oberfläche unserer Persönlichkeit treten. Es ist daher notwendig, alle Teile unserer Persönlichkeit, mit denen wir leben und die in uns existieren, zu respektieren, aber nicht deren Extremerscheinungen. Persönliche Kongruenz ist somit die Grundlage aller Entscheidungen auf dem Weg der Selbsterkenntnis.

Schon Sokrates stellte in einem seiner Hauptsätze passend fest: „Die Seele – oder der Geist – ist eine Art von Harmonie, ein Zusammenklang, gemäß den Zusammensetzungen des Körpers". Und weiter: „Vergänglich ist das Entstandene, und es vergeht entsprechend seiner Zusammensetzung".

Das umfassende Anerkennen seiner eigenen Persönlichkeitsanteile ist also schon gelebter Grundsatz der Freimaurerei, nämlich Menschenliebe im Sinne der Selbstliebe (bitte nicht mit Selbstverliebtheit verwechseln), der Toleranz und der Brüderlichkeit aller eigenen Anteile. Erst von diesem Punkt an kann ich auch die Grundpfeiler einer humanen Welt- und Werteanschauung leben. Wie soll ich die Eigenarten meiner Mitmenschen akzeptieren und tolerieren, wenn ich es an mir selbst nicht kann?

„ERKENNE DICH SELBST!" stand, den Berichten nach, auf dem Eingangstor des Tempels zu Delphi, jenem griechischen Dorf etwa 120 km von Athen – sozusagen einem antiken Vorläufer heutiger Call-Center – das den damaligen Zeitgenossen mit seinem Orakel half, wichtige Entscheidungen zu treffen. Wohl nicht ohne Grund war genau diese Aufforderung zu lesen, wenn man den Tempel betrat. Denn dieser Satz will uns bedeutet, dass die Antworten auf die wesentlichen Fragen unseres Lebens bereits in uns selbst stecken. Um jedoch die richtige Antwort zu erhalten, muss ich zwangsläufig die richtige Frage stellen. Und genau das ist der springende Punkt bei der Selbsterkenntnis. Um die richtige Frage stellen zu können, muss ich wissen, worauf es in meinem Leben ankommt.

Wenn man jemanden fragt, was er in seinem Leben für wichtig erachtet, dann erhält man meist Antworten wie „meine Familie oder meine Partnerschaft", „meine Gesundheit", „mein Beruf". Aber das ist meines Erachtens zu abstrakt, denn wenn ich genauer in mich gehe, dann fallen mir in meinem alltäglichen Leben eine ganze Reihe von Verhaltensweisen auf, die genau den gegenteiligen Eindruck vermitteln. Meine Arbeit steht oft vor der Familie, mein Lebenswandel und meine Ernährung ist alles andere als gesundheitsfördernd. Der Geist ist wie so oft williger als das Fleisch.

Um bei dieser Frage also weiter zu kommen, möchte ich mich noch einmal der Genialität Sokrates bedienen. Auch wenn sein anfänglicher Lebensstil nicht unbedingt als asketisch bezeichnet werden kann, so hat er später ein Reinheitsleben begonnen, für das er sogar sein Leben gegeben hat, das heißt: ein Leben der Entsagung. Er verstand dies jedoch nicht so, dass man sich – wie später Diogenes – in eine Tonne zurückziehen muss, sondern, dass man sich zunehmend bemühen muss, nicht mehr an den Dingen dieser Welt zu hängen; sie loslassen zu können und somit nicht mehr an ihnen festgebunden und dadurch unfrei zu sein:

„Wie zahlreich sind doch die Dinge, derer ich nicht bedarf!", so hat er sich später beim Anblick all der Dinge, die nicht dem unmittelbaren Erhalt des Lebens dienen, mehrfach geäußert.

Ein solcher Reinheitswandel bringt – ganz im Gegensatz zur üblichen Auffassung – Freude, und zwar eine dauerhafte und tiefe Freude.

„Wie sich der eine freut, wenn er sein Ackerland verbessert, und ein anderer, wenn er sein Pferd verbessert, so freue ich mich, wenn ich von Tag zu Tag an mir feststelle, dass ich besser werde!", so soll er gesagt haben. Und seinen Schülern soll er eingeschärft haben:

„Wenn nämlich die Seele unsterblich ist, so bedarf sie sorgsamer Pflege nicht nur für diese Spanne von Zeit, für die wir den Ausdruck „Leben" gebrauchen, sondern für die gesamte Zeit; und sollte jemand sich dieser Sorge entschlagen, so dürfte nunmehr die Gefahr für ihn als keine geringe erscheinen."

Etwas später führt er aus: „Im Hinblick darauf nun darf der um seine Seele unbesorgt sein, der während seines Lebens den körperlichen Lüsten und allem Tande äußerlichen Schmucks entsagt hat, als einem ihm fremden Element, das seiner Überzeugung nach den Schaden nur schlimmer macht, wogegen er sich der Lust am Lernen mit allem Eifer hingegeben und seine Seele nicht mit einem ihr fremden, sondern mit dem rechten eigentlich ihr zugehörenden Schmuck, mit Besonnenheit, Gerechtigkeit, Tapferkeit, Freiheit und Wahrheit geschmückt hat. So erwartet er denn die Wanderung nach dem Hades: und er ist bereit, dahin aufzubrechen, sobald das Schicksal ihn ruft."

Um einen klaren Blick zu erhalten, muss ich mir über die wesentlichen Dinge des Lebens klar werden. Materielle Dinge können dies nicht sein, denn sonst gäbe es wohl kaum unglückliche Millionäre und auch keine glücklichen Asketen. Nein, ich muss mich einer umfassenden Prüfung unterziehen und zwar jeden Tag aufs Neue. Nicht die Askese im Sinne des Diogenes ist das Ziel, sondern die Findung der wahren Notwendigkeiten. Konsum als Ersatzbefriedigung kann dabei nicht dienlich sein und führt nur dazu, dass meine Gedanken sich von den wichtigen Dingen ablenken lassen. Wie oft musste ich an mir selbst feststellen, dass die Erfüllung eines vermeintlichen Herzenswunsches nicht zu der erhofften Beglückung führte.

Denn bei genauerer Betrachtung dieses Umstandes, würde ich feststellen, dass das Erfüllen dieses Wunsches vielleicht doch nicht so wichtig war, wie es zuvor den Anschein hatte. Es gilt daher bei jedem eigenen Begehren die tatsächliche Wichtigkeit zu prüfen. Diese Überprüfung ist ein ganz wesentlicher Bestandteil auf dem Weg zur Selbsterkenntnis. Es allerdings nur bei dem Versuch zu belassen, kann dabei nicht ausreichen. Ich muss bereit sein, sich aus dieser Überprüfung ergebene Schlussfolgerungen auch umsetzten zu wollen.

Um Veränderung hervorzubringen, bedarf es der entsprechenden Handlung. „Spectemur agendur" – „an ihren Handlungen soll man sie erkennen." Es ist daher notwendig, dass wir unsere Gedanken auch in Taten umsetzen. Und diese Handlungen wiederum geben uns ein notwendiges „Feedback", das wir auf dem Weg der Selbsterkenntnis benötigen. Handeln bedeutet etwas zu riskieren und bereit zu sein, für die Konsequenzen einzustehen. Handeln ist somit aktive Selbsterkenntnis.

Dabei ist Selbsterkenntnis keine statische und introvertierte Angelegenheit, nach der Maxime: einmal erlangt, ist sie für immer gültig. So wie sich täglich unser Leben und unsere Lebensumstände wandeln, so ist auch die Selbsterkenntnis ein ganz und gar dynamischer Prozess, der im ständigen Wechsel zwischen äußerer und innerer Wahrnehmung abgeglichen werden muss. Nur im Umgang mit meinen Mitmenschen erhalte ich ein Bild von mir, das mich zur Selbsterkenntnis führt.

Wie bereits im voran gegangenen Kapitel ausgeführt, ist Wandel ein Naturgesetz und daher ist die Frage nach dem Wichtigen konsequent und wiederholt zu stellen.

Nach den Antworten sollten wir unsere Handlungen ausrichten und mit den Konsequenzen leben. Bei dieser reflektierten Handlungsweise wird man dann Schritt für Schritt merken, was einem wirklich wichtig ist. Ein Zyklus entsteht. Denken und Handeln werden dann im günstigsten Fall eine Einheit. Wir werden den Wandel in uns im Laufe unseres Lebens erkennen und werden merken, wie sich die Prioritäten ändern. Dies ist Teil unserer Entwicklung im doppelten Sinne des Wortes. Betrachte ich meine Unwissenheit als eine Fessel, so führt Selbsterkenntnis zu einer Ent-Wicklung von diesen Fesseln (s. Kapitel „Wandel").

Eine solche Einheit von Denken und Handeln zeichnet meines Erachtens die Menschen aus, die wir landläufig als „Menschen mit Charakter" bezeichnen. Sie handeln entsprechend dem, was ihnen wichtig ist.

Ich will für die Einheit von Denken und Handeln ein aktuelles Beispiel geben:

Kein Tag vergeht, ohne dass die Themen Klimawandel und globale Erwärmung nicht in den Medien behandelt werden. Kein Tag vergeht, ohne dass ein Politiker von neuartigen Ideen beseelt, uns erklärt, wie wir CO_2 einsparen können. Dabei entsteht in mir eher der Eindruck von Bevormundung, Hysterie und Selbstdarstellung. Ich möchte hier nicht näher beleuchten, wie erfolgreich diese politischen Appelle sind. Aber dieses Thema betrifft letztlich uns alle und so muss uns bewusst sein, dass die Grundlage unseres westlichen Wohlstandes auf einem Prinzip der ungleichen Verteilung von Rohstoffen beruht. Der hohe Lebensstandard der Menschen in Europa, Nordamerika und Australien beruht ausschließlich darauf, dass die Menschen außerhalb dieser Kontinente in Armut leben, und dort nicht einmal der Zugang zu sauberen Trinkwasser sicher gestellt ist.

Wir werden dieses Prinzip nicht vom einen Tag auf den anderen verändern können, dafür gibt es zu viele Abhängigkeiten. Es würde aufgrund uns fehlender alternativer Konzepte noch viel schneller in eine Katastrophe führen. Daher ist jeder von uns in gewisser Weise verpflichtet, mit seinem Konsum darauf zu achten, woher die Waren kommen und wie sie produziert werden. Brauche ich wirklich Äpfel aus Neuseeland oder Erdbeeren im Dezember aus Israel oder Mineralwasser aus Italien? Darf ich Produkte kaufen, die Konzerne bereichern und Armut bei den Rohstofferzeugern begünstigen, wie beispielsweise Baumwolle, Kaffee oder Kakao, oder Produkte, die die Umwelt mit Pestiziden belasten, statt auf ökologisch Anbau ausgerichtet sind? Mehr auf Qualität als auf Quantität zu achten, wird oft als Verzicht verstanden, weil das ökologisch hochwertigere Produkt auf dem Preisschild teurer erscheint. Ich darf mich nicht über die wachsende Zahl der LKW auf unseren Straßen beklagen und gleichzeitig mit meiner Konsumentscheidung selbiges begünstigen.

Es soll hier nicht beurteilt werden, welche Produktion oder welches Produkt anderen zu bevorzugen ist. Diese Frage wird jeder für sich beantworten müssen. Aber ich möchte dafür sensibilisieren, dass wir uns mit unserem Handeln in der Lage sind, Veränderungen hervorzurufen. Und dass dies bereits bei den banalen Dingen des täglichen Lebens beginnt.

„Ich, als Einzelner, kann doch keinen Klimawandel hervorrufen!" wird gerne als entschuldigendes Argument angeführt. Das darf aber nicht die Begründung für unbedachtes Handeln sein. Ohne die einzelne Schneeflocke kann keine Lawine entstehen. Nur wenn ich aus meiner eigenen Überzeugung heraus handele, dann kann ich auch etwas bewirken. Vielleicht nicht immer, vielleicht nur ein einziges Mal in meinem Leben. Wäre dies allein nicht schon Grund genug? Es ist mehr als das. Es ist meine Pflicht, als Bürger dieser Erde so zu handeln, dass ich keinem anderen Mitmenschen Schaden zufüge. Allein daraus ergibt sich die Pflicht, bewusst zu handeln. Nur weil vielleicht nicht alle dieser Pflicht nachkommen, bedeutet das für mich nicht, in gleicher Weise nachlässig zu handeln.

Wenn mein Handeln von meiner tiefsten Überzeugung bestimmt wird, dann gibt es für mich keinen Verzicht. Wenn ich meine Entscheidungen täglich auf die wahre Notwendigkeit überprüfe, werde ich zu einer Lebenshaltung gelangen, wie sie von Sokrates gelehrt wurde. Mein Handeln wird stets Auswirkungen auf meine Umwelt haben. Aber nur mit einer auf Überzeugung beruhenden Lebenshaltung werde ich anderen Menschen ein Vorbild sein können. Wir werden überzeugen durch unser Handeln, nicht durch unser Reden.

Unsere Werte sind somit nicht nur eine Sache der eigenen geistigen Entfaltung aus reinem Selbstzweck heraus, sondern müssen unseren Mitmenschen und der Natur dienen, so wie es auch das freimaurerische Ritual am Ende einer Logenarbeit von uns verlangt: „Geht nun hinaus in die Welt und bewährt Euch als Freimaurer." Nur so nähern wir uns dem Ziel.

Bekanntlich ist zwar der Weg das Ziel, doch muss ein jeder Weg mit dem ersten Schritt begonnen werden. Und man muss das Ziel kennen, um den richtigen Weg gehen zu können. Ohne Selbsterkenntnis, ohne die Fähigkeit uns selbst einschätzen zu können, werden wir nie den wahren Weg erkennen.

Und so bleibt am Ende nur die Frage, die wir uns täglich stellen müssen:

Was ist dir wirklich wichtig?

∞

ERLÄUTERUNGEN

„Schafft Steine ran zum Großen Bau,
auch wenn sie kantig sind und rau!
Der Große Architekt der Welten
lässt viele Eigenheiten gelten.
Lasst uns getrost auf ihn vertraun,
wenn wir den Dom aus Menschen baun.“

Alfried Lehner

Über die Freimaurerei ranken viele Geschichten und Mythen bis hin zu Verschwörungstheorien. Und so lange kein besonderes Interesse an der Aufklärung besteht, sondern lieber mit einer Portion Sensationslust Halbwissen verbreitet wird, so lange werden Gerüchte existieren. Die Freimaurerei ist in den letzten Jahren um eine deutliche Aufklärung bemüht. Seriöse Publikationen mit umfangreichen Informationen zu diesem Thema gibt es in Büchern und vor allem im Internet. Um jedoch dem nicht eingeweihten Leser einen ersten Eindruck, über das Wirken der Freimaurerei zu vermitteln, möchte ich an dieser Stelle die wichtigsten Informationen zu diesem Thema in Kürze wiedergeben.

Das Wort „Freimaurer" stammt von dem englischen Wort „Freemason" ab und bezeichnet die Steinmetze und Kirchenbauer, die seit etwa dem 13. Jahrhundert ihre Arbeit verrichteten. Ihre Arbeitsstätten waren die „Lodge" – Bauhütten – woraus sich im deutschen der Name „Loge" abgeleitet hat. In der Bezeichnung „Freemason" spiegelt sich auch der Anspruch einer qualitativ höheren Verarbeitung der Steine, den zum Schmuckstück weicheren „freestone" wider. Im Gegensatz hierzu verarbeitete der „Rough-stone-mason" den härteren Mauerstein.

Der raue und unbehauene Stein gilt als Symbol für die menschliche Unvollkommenheit und hat bis heute eine tragende symbolische Bedeutung.

Die Dombauhütten waren Aufenthalts- und Versammlungsorte. Dort wurden die Geheimnisse der Baukunst weiter gegeben, aber sie waren auch ein Ort des freiheitlich geistigen Gedankenaustauschs. Um die Existenz dieser Zunft sicher zu stellen und auch für den Erhalt der persönlichen Sicherheit, war Verschwiegenheit eine Kardinalstugenden. Daher war nur Eingeweihten der Zugang zu den Bauhütten möglich.

Mit dem ausklingenden 17. Jahrhundert ging in Europa auch die große Zeit der Dombauhütten zu Ende. Um ihr geistiges Engagement zu erhalten, nahmen die Logen auch zunehmend „Nichtmaurer" auf, die sie „angenommene Maurer" nannten. So wandelten sich die Bauhütten von den reinen Steinmetzen zu einer symbolisch arbeitenden Gemeinschaft.

Die Freimaurerei in ihrer heutigen Form findet ihren Ursprung im Jahre 1717 in London. Ihre verfassungsgemäße Grundlage bilden die so genannten „Alten Pflichten von 1723"[15]. Ihre Zusammenkünfte finden in Logen statt. Diese Bezeichnung soll an die Tradition und die Herkunft der Freimaurerei erinnern. Die erste deutsche Loge wurde 1733 in Hamburg gegründet.

In Deutschland gibt es heute etwa 470 sogenannten „regulären[16]" Logen mit etwa 20.000 Mitgliedern, die sich „Brüder" nennen. Weltweit stehen in über 130 Ländern und etwa 40.000 Logen rund 4.000.000 Freimaurer in einer sogenannten „Bruderkette". Dieser Begriff soll die freundschaftliche Verbundenheit zwischen den Freimaurern, selbst über die eigene Loge hinaus, zum Ausdruck bringen. Darüber gibt es eine wachsende Zahl von Frauenlogen und auch gemischte Logen.

Die regulären Logen in Deutschland arbeiten unter fünf Großlogen, die sich ihrerseits wieder zu einer Vereinigten Großloge (VGLvD) zusammengeschlossen haben. Zu den Großlogen zählen:

- Großloge der Alten Freien und Angenommenen Maurer von Deutschland (AFuAMvD)

- Große Landesloge der Freimaurer von Deutschland (GLLFvD)

- Große Nationale Mutterloge „Zu den drei Weltkugeln" (GNML 3WK)

- American and Canadian Grand Loge A.F.& A.M. (ACGL)

- Grand Loge of British Freemason in Germany (BFG)

Daneben gibt es noch die der VGLvD direkt unterstehenden Logen „Jacob DeMolay", „Zur Weißen Lilie" und die Forschungsloge „Quartur Coronati".

Da diesen Logen nur Männern zugänglich ist, besteht für Frauen die Möglichkeit der Kontakt zu reinen Freimaurerinnenlogen. Diese sind unter dem Dach der Frauen-Großloge von Deutschland (FGLvD) zusammengeschlossen. Diese wiederum ist ein Mitglied im Centre de Liaison International de la Maçonnerie Féminine (C.L.I.M.A.F.), einem Verband europäischer Frauen-Großlogen.

Als drittes sind die Logen zu erwähnen, in denen Frauen und Männer gemeinsam an den Zielen der Freimaurerei arbeiten. Diese finden sich unter der Humanitas - Freimaurergroßloge für Frauen und Männer in Deutschland zusammen.

Die Logen sind jeweils als eingetragene Vereine organisiert, mit allen bekannten Verwaltungsstrukturen wie Vorstand und Mitgliederversammlung. Um ihrem Ziel näher zu kommen, treffen sich die Brüder einer Loge meist einmal im Monat zu sogenannten Arbeiten. Daneben bieten die Logen sogenannte Gästeabende an. Diese Abende finden ohne gegenseitige Verpflichtung statt und dienen dazu, Außenstehenden das Wirken und das Denken von Freimaurern näher zu bringen.

Besteht der Wunsch nach einer Aufnahme in eine Loge, erfolgt der Beitritt nur auf Bitten des Interessenten, eine Bitte um Beitritt von Seiten der Loge erfolgt in der Regel nicht. Eine Aufnahme erfolgt dann nur unter der Zustimmung aller Mitglieder.

Einer Loge kann grundsätzlich jeder beitreten. Allerdings werden dabei immer noch der Grundsatz aus den „Alten Pflichten“: „ Die als Mitglieder einer Logen aufgenommenen Personen müssen gute und aufrichtige Männer sein, von freier Geburt, in reifem und gesetztem Alter, keine Leibeigenen, keine Frauen, keine sittenlosen und übel beleumdeten Menschen, sondern nur solche von gutem Ruf.“ [15]

Diese Kernaussage trifft sicherlich noch, insbesondere bei der Frage nach dem Geschlecht für die regulären Logen zu. Allerdings stehen den Frauen mittlerweile eine beachtliche Zahl von reinen Frauenlogen für die Teilnahme und das Mitwirken in der Freimaurerei zur Auswahl. Zusätzlich gibt es noch eine ganze Reihe von gemischten Logen, in denen Frauen wie Männern die Freimaurerei praktizieren.

Vor dem Beitritt in eine Loge geht meist ein tieferes Interesse an diesem Thema an und für sich voraus. Bei der Wahl der Loge empfiehlt es sich genau die gesamten Umstände zu prüfen. Als Ausgangspunkt der Logenauswahl, soweit sie nicht durch eine persönliche Empfehlung vorgeprägt ist, sollte die Nähe zum Wohnort sein. Weite

Anreisen sind nicht nur zeitaufwändig, sondern auch auf Dauer kostspielig. In vielen größeren Städten arbeiten meist mehrere Logen in einem Logenhaus. Da jede Loge an einem jeweils individuell gewählten Tag in der Woche zusammenkommt, kann auch dies ein Argument bei der Wahl der Loge sein. Der wichtigste Aspekt ist und bleibt jedoch die persönliche Sympathie zu den einzelnen Mitgliedern der Loge. Um sich hierüber ein halbwegs richtiges Bild zu verschaffen, ist hinreichender Kontakt notwendig. Deshalb vergeht in der Regel fast ein Jahr, bevor ein Interessent eine Aufnahme in Betracht zieht. Schließlich gilt es für sich zu prüfen, ob das praktizierte Logenleben, im Allgemeinen der Freimaurerei an sich, wie auch der in engere Wahl gezogene Loge im Besonderen, den persönliche Geschmack trifft.

Zu diesem Zweck bietet jede Loge sogenannte Gästeabende an. Sie dienen zu einem gegenseitigen Kennenlernen. Der Interessent kann dabei gezielt Fragen stellen und so besser entscheiden, ob die Ziele der Freimaurerei mit seiner Gesinnung übereinstimmen und ob bei den Logenmitgliedern grundsätzliche Sympathien vorliegen. Die Logenmitglieder können ihrerseits prüfen, ob der Interessent für das Logenleben eine Bereicherung im geistigen Sinne sein könnte. Dabei sollen seine charakterlichen Eigenschaften und Wertevorstellung ausschließliches Kriterium sein und nicht seine Bildung oder wirtschaftlichen Möglichkeiten.

Die Mitgliedschaft ist unbefristet, dennoch gibt es jederzeit die Möglichkeit des Austritts, der an keinerlei Bedingungen geknüpft ist. Wer der oft landläufig herrschenden Meinung ist, dass Freimaurer im Geheimen politischen oder wirtschaftlichen Einfluss ausüben wird enttäuscht sein. Die Freimaurerei verfolgt nur ideelle Ziele, die ausschließlich der eigenen Vervollkommnung dienen.

Bei ihren rituellen Zusammenkünften trägt der Freimaurer einen Schurz, weiße Handschuhe und das Logenbijou. In manchen Logen wird außerdem noch ein Zylinder getragen. Der Schurz war Teil der Arbeitskleidung der Steinmetzte. Der Zylinder, auch der hohe Hut genannt, hat seinen Ursprung aus der Zeit, in der nur freie Männer Hüte, insbesondere hohe Hüte, tragen durften.

Viele bekannte Männer waren Mitglieder einer Loge, wie beispielweise Kemal Atatürk, Winston Churchill, Henry Ford, Johann Gottlieb Fichte, Friedrich der Große, Benjamin Franklin, Johann Wolfgang von Goethe, Joseph Haydn, Gotthold Ephraim Lessing, Wolfgang Amadeus Mozart und George Washington.

In der Kunst und der Literatur findet man zahlreiches freimaurerisches Gedankengut. In der Oper „Die Zauberflöte" mit der Musik von Wolfgang Amadeus Mozart (1784 in die Wiener Loge „Zur Wohltätigkeit" aufgenommen) und dem Libretto von Emanuel Schikaneder (1791 in der Regensburger Loge „Carl zu den drei Schlüsseln" aufgenommen) enthält eine Vielzahl von freimaurerischen Symbolen und stellt das wesentliche musikalische Werk in der Freimaurerei dar.

In dem Dialog „Ernst und Falk – Gespräche für Freymäurer" von Gotthold Ephraim Lessing (1771 in der Hamburger Loge „Zu den drei Rosen" aufgenommen) versucht der Freimaurer Falk seinem Freund Ernst das

Wesen der Freimaurerei anschaulich zu vermitteln und kann dem interessierten Leser sehr empfohlen werden.

In den Logen finden Menschen zueinander, die sich über alle weltanschaulichen, nationalen, sozialen und politischen Grenzen miteinander verbunden fühlen und die sich wegen ihrer Herkunft und Interessenlage sonst nicht begegnen würden.

Dass es sich bei der Freimaurerei um einen reinen Männerbund handelt, steht nicht im Widerspruch zur Emanzipation. Dies mag vielleicht nicht direkt einleuchten. Abgesehen von der historisch bedingten Entwicklung, dass nur Männer Zutritt zu den Logen hatten, ist es heute eher eine Frage der Entwicklung einer männlichen Spiritualität. Es geht hier nicht darum, Gleichberechtigung, sondern Gleichmacherei zu verhindern. Es sei dabei erwähnt, dass sich mittlerweile auch eine große Zahl von reinen Frauenlogen und gemischten Logen gebildet haben.

Das Wesen der Freimaurerei ist das Bekenntnis zu den Werten Brüderlichkeit, Toleranz und Menschenliebe. Dieses Bekenntnis alleine reicht jedoch nicht aus. Die aktive Teilnahme am Logenleben ist wichtig und steht in einer ganz engen Wechselwirkung. Es schafft die Möglichkeiten für die eigene Entwicklung und dient andererseits der Bereicherung der Loge selbst und insbesondere für die anderen Brüder. Ganz erstaunliche ist dabei auch das Erlebnis bei dem Besuch anderer Logen.

Die Mitgliedschaft in einer Loge verläuft in drei Entwicklungsstufen. Jede Stufe wird einem bestimmten Grad zugeordnet und steht für eine bestimmt Entwicklungsstufe. Ein neu aufgenommenes Mitglied steht im ersten Grad, dem Lehrlingsgrad, und seine Aufgabe lautet: „Schau in Dich". Im zweiten, dem Gesellengrad, folgt die Ausrichtung nach Außen mit der Aufforderung „Schau um Dich". Im Meistergrad schließlich erfolgt mit der Aufforderung „Schau über Dich".

Diese Grade stellen keine Hierarchie im Sinne einer Karrierelaufbahn dar. Vielmehr bleibt auch der Meister immer Lehrling und muss immer wieder in sich schauen. Nur kann bzw. muss er seine Aufmerksamkeit eben auch auf das um und über sich richten.

Die Arbeit in der Loge findet nach einem genau festgelegten und wiederkehrenden Ritual statt. Kern ist dabei der von einem Bruder ausgearbeitete Vortrag, der sogenannten Zeichnung.

Das viel beschriebene Geheimnis der Freimaurerei, das immer wieder Anlass für teilweise abstruseste Spekulationen bietet, liegt ausschließlich im eigenen Erleben. Der Außenstehende kann noch so viel darüber in Erfahrung bringen, das erlebte Gefühl wird ihm verborgen bleiben.

Bei den zahlreichen Informationen in Form von Büchern und im Internet verfügbar sind, möchte ich vor allem auf folgende Quellen hinweisen:

„Freimaurerei – weltbekannt und doch geheimnisvoll" von Tihomir Bunovic; erschienen 2005 im Selbstverlag Bunovic; ISBN: 3-00-016507-X

„Die Logen der Freimaurer" von Jürgen Holtorf; erschienen 1997 in der Nikol Verlagsgesellschaft MbH; ISBN-13: 978-3930656585

„Die diskrete Gesellschaft" von Dieter A. Binder; erschienen 2008 im Herder Verlag; ISBN-13: 978-3451054815

„Ernst und Falk – Gespräche für Freymäurer" von Gotthold Ephraim Lessing, entstanden 1776 – 1778 und kann direkt aus dem Internet bezogen werden.

Interessante Informationen, insbesondere über Logen in der unmittelbaren Nähe, sind auf den Internetseiten der Großlogen zusammengestellt:

Homepage der AFuAMvD:
www.freimaurer.de

Homepage der VGLvD:
www.freimaurer.org

Homepage der Frauengroßloge FGLvD):
 www.freimaurerinnen.de

Homepage der gemischten Loge Humanitas:
www.gemischte-freimaurerei.org

∞

NACHWORT

„Keine Schuld ist dringender, als die, Dank zu sagen."

Marcus Tullius Cicero

Dieses Buch soll nicht enden, ohne das Thema „Dankbarkeit und Demut" zu behandeln. Dankbarkeit offen zum Ausdruck zu bringen, ist eine besondere Form der Wertschätzung. Sie zeigt, dass man seinen Lebensstandard, seine Gesundheit und jeden Augenblick des Glücks keineswegs für selbstverständlich hält.

Demut muss aus freien Stücken, nicht aus einem Gefühl der Verpflichtung oder einem Hang zur Unterwerfung und als Akzeptanz für die Unerreichbarkeit der eigenen Unvollkommenheit, empfunden werden. Dieses Gefühl ist eine Voraussetzung für die Überwindung des eigenen Egoismus hin zu der Entwicklung eines ausgeprägten Sozialverhaltens.

Daher möchte ich nicht vergessen, all jene zu erwähnen, ohne die dieses Buch nicht entstanden wäre. Allein und nur aus mir heraus wäre es nie zustande gekommen. Die hier verfassten Ausführungen sind das Ergebnis vieler Gespräche und Diskussionen.

Meinem Logenbruder Manfred bin ich dankbar, dass er mich zur Freimaurerei geführt hat. Seine Art, für die Freimaurerei zu leben empfinde ich als bewundernswert. Die Anregungen in der Loge durch die Beiträge und Gedanken anderer Brüder waren eine reiche geistige Inspiration.

Franzi danke ich für ihre ehrliche Kritik, Ihrer Sorgfalt und für die vielen herrlichen kontroversen Diskussionen. Ihre Anmerkungen und ihre Anregungen waren eine sehr große Hilfe.

Bei Doro bedanke ich mich für die spontane Zusage für das sorgfältige Aufspüren von Fehlern – Köbes Underground sei Dank.

Meiner geliebten Frau Anja danke ich für ihr tiefes Interesse an meinem Tun, ihre Ideen und Anregungen, Ihre Geduld und für die Zeit, die sie mir für dieses Buch eingeräumt hat.

Und schließlich bedanke ich mich bei allen, hier nicht im einzelnen namentlich Genannten, für die Freundschaft ein wahrlich gelebter Wert ist und dies mich immer wieder spüren lassen. Eure Hilfe und euer Dasein empfinde ich als eine besondere Wertschätzung meinerseits.

Dieses Buch habe ich meinen Kindern gewidmet, weil ich Dankbarkeit dafür empfinde, dass sie gesund zur Welt gekommen sind und sie in einer Umgebung aufwachsen können, die sie vor Hunger, Not und Elend bewahrt, ihnen eine gesunde Entwicklung und eine gute Ausbildung ermöglicht. Leider ist dies selbst in einem reichen Land wie Deutschland keine Selbstverständlichkeit. Deshalb habe ich mich entschlossen, den Erlös dieses Buches dem Kinderschutzbund[17] in Brühl zu spenden.

∞

ANMERKUNGEN

[1] Der Vollständigkeit halber ist zu erwähnen, dass es auch eine Vielzahl von Frauenlogen und gemischten Logen gibt, die sich mit den Zielen der Freimaurerei in eigenen Ritualen beschäftigen.

[2] Atomuhren sind geeicht auf das 9.192.631.770-fache der Periodendauer, der dem Übergang zwischen den beiden Hyperfeinstrukturniveaus des Grundzustandes von Atomen des Nuklids 133Cs entsprechenden Strahlung oder anders ausgedrückt, ist eine Sekunde das Vielfache der Periode einer Mikrowelle, die mit einem ausgewählten Niveauübergang im Caesiumatom in Resonanz ist – verstanden?

[3] Als Arbeit bezeichnet man die rituelle Zusammenkunft von Freimaurern. Der Zeremonienmeister hat dabei die Aufgabe, dass der im freimaurerischen Ritual vorgegebene Ablauf eingehalten wird.

[4] Tempelarbeit: siehe unter [3] „Arbeit".

[5] Höhner – „Echte Fründe", aus dem Album: „Da simmer dabei" (2005)

[6] Der raue Stein ist Sinnbild für die eigene Unvollkommenheit. Nach dem Brauch der Steinmetze wird er mit dem Spitzhammer behauen, damit er für den Bau verwendet werden kann. Dies wird auch als den Tempelbau der Humanität genannt. Dabei bezieht man sich auf den Tempel des König Salomon.

[7] Dr. Otto Friedrich Bollnow, * in Stettin am 14.3.1903, † in Freiburg am 26.7.1990, deutscher Philosoph, Ethiker und Anthropologe: Die Bedeutung des Vertrauens.

[8] Aus „Klein und Wagner" von Hermann Hesse

[9] Thomas von Aquin, * um 1225 auf Schloss Roccasecca bei Aquino in Italien; † am 7.3.1274 in Fossanova, gehörte dem Dominikaner Orden an und gilt als einflussreichster Theologe und Philosoph.

[10] Arnold Geulincx, * am 31.1.1624 in Antwerpen, † im November 1669 in Leiden, flämisch-niederländischer Theologe, Logiker und Philosoph.

[11] August Hermann Francke * am 22.3.1663 in Lübeck, † am 8.6.1727 in Halle/ Saale, deutscher evangelischer Theologe, Pädagoge und Kirchenlieddichter und gilt als einer der Hauptvertreter des Pietismus.

[12] Hans Aebli, * am 6.8.1923 in Zürich, † 26.7.1990, schweizer Pädagoge.

[13] Hermann Hesse, * am 2.7.1877in Calw, † am 9.8.1962 in Montagnola: Das Gedicht „Stufen" aus seinem Buch „Das Glasperlenspiel".

[14] Im Prinzip steht diese Theorie gar nicht im Widerspruch zu den Aussagen der religiösen Thesen. Sündiges Verhalten führt nicht zu einer jüngsten Gerichtsbarkeit, die Hölle bereiten wir uns auf der Erde selbst. Somit zahlt sich positives Verhalten und das Bekenne unserer Sünden schon aus, da im Umkehrschluss positives Verhalten uns den Himmel auf Erden bereiten kann. Der Unter-

schied besteht darin, dass es keine göttliches Wesen gibt, dass sich täglich und rund um die Uhr damit beschäftigen, welche Vergehen jeder Einzelne begeht und wie diese gerichtet werden sollen. Wir sind Richter und Sünder in einer Person. Unser Handeln und Denken richtet uns selbst. Das göttliche Wesen ist der Geist, der in uns steckt und gleichzeitig uns allgegenwärtig umfasst. Parapsychologische Phänomene lassen sich dadurch erklären, dass eben Menschen mit diesen Fähigkeiten diese geistige Verbindung spüren können. Dieses Denk- und Glaubensmodell hat jedoch für die religiösen und politischen Machthaber den Nachteil, dass sich diese Form der Göttlichkeit nicht für die Machterhaltung missbrauchen lässt.

[15] „Die Alten Pflichten von 1723 – Geschichten, Pflichten, Anordnungen usw. dieser sehr alten und höchst ehrwürdigen Bruderschaft" erschienen im Verlag Die Bauhütte, Bonn.

[16] Logen werden als regulär bezeichnet, wenn sie die Alten Pflichten uneingeschränkt anerkennen. Die „irregulären Logen erkennen diese Alten Pflichten meist gleichermaßen an. Der Status der regulären Loge scheitert oft daran, dass bestimmte Themen aus diesen Pflichten in diesen Logen eher Liberal als Traditionell gesehen werden. Hierunter fällt z. B. die Aufnahme von Frauen. Es ist aber ausdrücklich erwähnen, dass in dieser Bezeichnung keine Wertung oder Bewertung in Bezug auf die Art der Logen oder gar deren Mitglieder liegt. Allerdings kann man bei einer regulären Loge darauf vertrauen, dass auch tatsächlich freimaurerisch gearbeitet wird. Dies ist unter dem Hintergrund wichtig zu wissen, da der Begriff „Freimaurer" keineswegs in irgendeiner Weise gesetzlich geschützt ist.

[17] Die genaue Anschrift lautet:

Deutscher Kinderschutzbund (DKSB)
Ortsverband Brühl e.V.
Liblarer Straße 10
50321 Brühl
Tel.: 0 22 32/4 98 99
Email: kinderschutzbund-bruehl@t-online.de
Internet: www.kinderschutzbund-bruehl.de